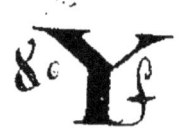

FOYERS

ET

COULISSES.

HISTOIRE ANECDOTIQUE

DE TOUS LES THÉATRES DE PARIS

AMBIGU

AVEC PHOTOGRAPHIES

PARIS

TRESSE, ÉDITEUR

GALERIE DE CHARTRES, 10 ET 11

PALAIS-ROYAL

MDCCCLXXVI

FOYERS & COULISSES

ONZIÈME LIVRAISON

AMBIGU-COMIQUE

Imprimerie Générale de Châtillon-sur-Seine. — J. Robert.

FOYERS

ET

COULISSES

---◆---

HISTOIRE ANECDOTIQUE DES THÉATRES DE PARIS

PAR

HENRY BUGUET

AMBIGU-COMIQUE

1 franc 50

AVEC DEUX PHOTOGRAPHIES

---◆◆◆---

PARIS

TRESSE, ÉDITEUR

8, 9, 10, 11, GALERIE DU THÉATRE-FRANÇAIS
PALAIS-ROYAL

—

1880

AMBIGU-COMIQUE

(1769)

Nicolas-Médard Audinot, acteur et auteur de la Comédie-Italienne, a été le fondateur du théâtre de l'Ambigu-Comique. Son entreprise naquit du ressentiment et de l'indignation dont un homme est toujours animé quand il éprouve une grande injustice. Ayant essuyé un passe-droit à la Comédie-Italienne, il loua une baraque à la foire Saint-Germain, dans laquelle il établit des marionnettes, à qui il faisait jouer des comédies et des opéras. Chaque figure imitait un acteur ou une actrice des Italiens. Polichinelle était censé *le gentilhomme de la chambre en exercice*, distribuant des faveurs et des grâces avec un grotesque à faire pouffer de rire. Cette caricature fit courir tout Paris.

1

Quand ses marionnettes commencèrent à s'épuiser, homme actif et intelligent, Audinot imagina de bâtir une salle de spectacle ailleurs, afin d'abandonner la foire Saint-Germain : il loua un terrain sur le boulevard du Temple, et fit élever le théâtre de l'Ambigu-Comique dont l'inauguration eut lieu le 9 juillet 1769 ; mais la gêne que la police lui imposait relativement à ses critiques des autres spectacles nuisant beaucoup à l'intérêt du sien, il fit succéder bientôt des enfants à ses marionnettes. Deux acteurs, comme lui disgraciés de la Comédie-Italienne, Moline et Plainchesne, devinrent ses fournisseurs habituels. La liberté qu'ils croyaient propre à ce genre de spectacle, leur donnait lieu d'y glisser souvent des choses plus que grivoises. D'abord les oisifs et la basoche s'y portèrent, ensuite les femmes de la cour ne dédaignèrent pas de s'y montrer ; en peu de temps, ce petit spectacle devint le rendez-vous de la cour et de la ville, et fut plus fréquenté que son voisin Nicolet même quand celui-ci montrait son fameux singe.

En 1771, des officiers aux gardes-françaises et d'autres régiments donnèrent une représentation publique sur le théâtre d'Audinot. M. le duc de Choiseul, encore ministre de la guerre, ayant trouvé cette représentation fort indécente et indigne de l'état militaire, ordonna que tous les offi-

ciers qui y avaient pris part fussent mis au
For-l'Évêque.

Mais cette punition n'eut pas lieu, par
égard pour M. le duc de Chartres qui avait
assisté au spectacle et avait beaucoup ap-
plaudi...

On lit dans les mémoires de Bachaumont
de la même année 1771 : *Les amateurs de
théâtre sont enchantés de voir la foule se
porter à l'Ambigu-Comique pour y applaudir
une troupe d'enfants qui y font fureur; ils
espèrent que cette troupe deviendra une es-
pèce de séminaire, où se formeront des sujets
d'autant meilleurs qu'ils annoncent déjà des
dispositions décidées, et donnent les plus
grandes espérances; mais les partisans des
mœurs gémissent sincèrement sur cette inven-
tion qui va les corrompre jusque dans leur
source, et qui par la licence introduite sur
cette scène, en forme autant une école de li-
bertinage que de talents dramatiques* [1].

Le *Triomphe de l'amour et de l'amitié* qui
n'était autre chose que l'opéra d'*Alceste*, réduit et proportionné à ce théâtre, y attirait
beaucoup de monde. Mgr l'archevêque de
Paris se plaignit [2] au lieutenant-général de
police de ce que, dans cet ouvrage il y avait
un grand prêtre et un chœur de prêtres,

1. Nous pensons que, dans ces temps, il y
avait beaucoup d'exagération et de jalousie.
2. On l'enverrait gentiment promener aujour-
d'hui, Mgr l'archevêque.

dont les robes ressemblaient à des aubes.

Audinot représenta à M. de Sartines qu'à l'Opéra cela se pratiquait tous les jours ; que dans *Athalie,* à la Comédie-Française, toute la pompe des anciennes cérémonies judaïques était développée.

M. de Sartines n'ayant pris aucune mesure à ce sujet, Audinot continua de jouer sa pièce, et le public y courut.

Avant la révolution, toutes les pièces des théâtres du boulevard étaient soumises à la censure des comédiens français et des comédiens italiens, qui pouvaient en permettre ou en empêcher la représentation. En 1776, Préville remplissait les fonctions de censeur pour la Comédie-Française et Hesse pour le Théâtre-Italien.

Une chose que l'on aura peine à croire, c'est que les spectacles forains, toujours persécutés par les grands théâtres, jouissaient de beaucoup de liberté, et poussaient même la licence aussi loin que possible, mais pourvu qu'ils n'empiétassent jamais sur les priviléges des théâtres royaux ; ce que l'on voulait avant tout, c'était que leurs ouvrages ne ressemblassent en rien à une œuvre dramatique, qu'ils n'eussent ni plan, ni conduite, ni style ; quant à la morale, on s'en riait... Périssent les mœurs, plutôt qu'un principe dramatique.

On a affiché sur le boulevard du Temple une pièce intitulée *Madelon Friquet ,* ou

Amant dessus, Amant dessous, Amant dedans. C'étaient tout simplement trois amants qui se cachaient, l'un sur une armoire, l'autre dessous, et le troisième dedans. Le titre était beaucoup plus obscène que la pièce. Pourquoi le tolérait-on? parce que, comme je viens de le dire, l'ouvrage n'avait pas forme de comédie, et que la dignité de MM. les comédiens du roi n'était pas compromise.

Audinot était comédien passable et auteur médiocre ; il n'a laissé qu'un petit opéra, le *Tonnelier* sur la réputation duquel il a vécu soixante ans, encore cette pièce n'avait-elle pas réussi dans l'origine ; car Quétant, auteur du *Maréchal,* et de beaucoup d'ouvrages joués aux foires Saint-Germain et Saint-Laurent, la retoucha et la fit rejouer à la Comédie-Italienne en 1765. Elle resta longtemps au répertoire. La *Dame blanche* porta malheur au *Tonnelier ;* à la deuxième représentation de cet opéra, le *Tonnelier* fut sifflé si horriblement, qu'il n'a oncques depuis reparu sur l'affiche.

Audinot tenait au théâtre les rôles dits *à tablier,* emploi que Chenard a illustré depuis à l'Opéra-Comique. Il paraît qu'Audinot avait des manières très robustes en scène, car on dit de lui : *Audinot a rendu au naturel la grossièreté des mœurs du peuple.*

Son théâtre fut, comme tous les petits

spectacles en butte à la haine et à la jalousie des grands; mais une circonstance,
heureuse pour lui, consolida son succès.
En 1772 [1], madame Dubarry qui cherchait
« tous les moyens de distraire le roi, que
» l'ennui gagnait aisément, avait imaginé
» de faire venir Audinot jouer à Choisy,
» avec ses petits enfants [2]. C'était la pre-
» mière fois que ce directeur forain pa-
» raissait devant S. M. On a donné d'a-
» bord : *Il n'y a plus d'enfants,* petite co-
» médie en prose d'un sieur de Nougaret
» où il y a de la naïveté, mais des scènes
» d'une morale peu épurée. La *Guinguette,*
» ambigu-comique de M. Plainchesne. C'est
» une image riante et spirituelle de ce qui
» se passe dans les tavernes, un joli *Té-*
» *niers.* On a fini par le *Chat botté,* ballet-
» pantomime du sieur Arnould, on n'a pas
» même oublié la *Fricassée,* contredanse
» très polissonne. Madame Dubarry s'a-
» musait infiniment, et riait à gorge dé-
» ployée; le roi souriait quelquefois. En
» général ce divertissement n'a pas paru
» *l'affecter* beaucoup. »

Peu à peu Audinot devint plus scrupu-
leux sur le choix des ouvrages qu'il faisait
représenter par ses petits comédiens.

L'abbé Delille a peint l'empressement du

1. *Mémoires de Bachaumont,* 1772.
2. Nicolet avait reçu le même honneur.

public pour ce spectacle dans ce joli vers :

Chez Audinot l'enfance attire la vieillesse.

« Parmi les enfants qui brillaient dans cette troupe, on distinguait la fille d'Audinot, Eulalie, qui dès, l'âge de dix-huit ans, se faisait remarquer par sa belle voix, et son intelligence précoce.

A l'exemple de J. Monnet, qui avait mis son nom dans l'épigraphe latine placée en tête de son *Anthologie française. Mulcet, Monnet,* Audinot avait fait aussi entrer le sien, dans la devise inscrite sur la toile de son théâtre *Sicut infantes audinos* qu'un mauvais plaisant avait traduit ainsi : *Ci-gît les enfants d'Audinot* la foule se portait à ce théâtre, et l'Opéra était désert ; les administrateurs parvinrent à obtenir, vers la fin de l'année 1771, un arrêt du conseil, qui rangeait l'Ambigu-Comique parmi les théâtres de la dernière classe. On ne lui laissa que quatre musiciens ; les chants et les danses lui furent défendus, ce qui occasionna une grande rumeur au boulevard. Peu de jours après, l'autorité décida que ce spectacle recouvrerait la musique, la parole, et la danse, mais qu'il paierait une contribution de 12,000 livres au Grand-Opéra. C'était de l'argent qu'on voulait et voilà tout ; dès qu'on eut jeté le gâteau dans la gueule de Cerbère, il cessa d'aboyer et de mordre. A mesure que nous approchions de la révo-

lution, les théâtres empiétaient sur les priviléges ; à des enfants de dix ans succédè-
rent des jeunes gens de quinze à dix-huit.
Damas, Varenne et d'autres comédiens du*
Théâtre-Français y ont joué dans leur jeunesse, un acteur de quatre pieds trois pouces
nommé le petit Moreau, y jouait les arle-
quins ; dans une pièce intitulée *Robinson
dans son-Ile*, le petit Moreau représentait
Vendredi [1]. Les ouvrages enfantins firent
place à des pièces plus *corsées;* et petit à
petit le théâtre de l'Ambigu-Comique devint un théâtre comme un autre. Un genre
qu'il avait adopté et qui fit fureur, était
celui de la grande pantomime historique
ou romanesque. *Le Masque de fer, le Capitaine Cook, la Forêt noire, Hercule et Om-
phale, les Quatre fils Aymon* ont singuliè-
rement intéressé nos pères, mais une pantomime qui obtint un de ces succès comme
on en voit peu, était *le Maréchal des logis.*
Une aventure arrivée dans la forêt de Vil-
lers-Cotterets en avait fourni le sujet. Une
jeune fille la traversait seule, quand elle
fut arrêtée par deux voleurs, qui, après lui
avoir pris tout ce qu'elle possédait, la gar-
rottèrent à un arbre, pour lui faire sans
doute souffrir de plus affreux tourments...
Mais par bonheur, un brave maréchal des
logis des dragons de la reine, qui se ren-

1. *Voir le chapitre boulevard du Temple.*

dait en sémestre, ayant entendu les cris de
la victime, courut à elle, mit les voleurs en
fuite, détacha la jeune fille et la reconduisit
respectueusement à ses parents. Cette belle
action insérée dans toutes les Gazettes re-
tentit jusqu'à la cour. La reine voulut voir
son dragon ; on le lui présenta, il reçut de
Marie-Antoinette un accueil très touchant
et une somme d'argent, avec laquelle il
acheta son congé et se maria avec la charmante jeune fille qu'il avait sauvée par son
courage.

Tout Paris alla verser des larmes au *Maréchal des logis,* je crois même que le hé-
ros assista en uniforme à plusieurs représentations. Ces pantomimes étaient montées
avec le plus grand soin.

Vers 1792 on en donna une appelée *Do-
rothée* dans laquelle il y avait une proces-
sion magnifique, les prêtres en aubes, les
chantres portant chapes, les enfants de
chœur, les châsses, les reliques, les évêques,
les cardinaux, les pénitents blancs et noirs,
les croix, les bannières, enfin tous les si-
gnes de la religion défilant sur le théâtre,
au milieu des cris et des applaudissements
d'une multitude qui commençait déjà à
ressentir les atteintes d'un mal qui devait
plus tard enfanter tant d'excès.

Les saturnales au théâtre ne faisaient
que précéder celles que nous devions voir
dans les rues.

Hélas! un an après, 93 avait sonné!...
Et nous avons vu des processions d'un autre
genre!... Les églises pillées, dévastées, les
vases sacrés livrés à d'horribles profana-
tions, des *comédiens bourgeois* habillés en
prêtres, se livrant aux plus infâmes sacri-
léges... J'ai vu, moi, étant enfant, un malheureux revêtu de l'habit sacerdotal, et
dans un état complet d'ivresse courir dans
le faubourg Saint-Martin, avec de fausses
hosties dans un saint-ciboire, donnant la
communion aux passants, se jouant de ce
que l'homme a de plus saint, de plus sacré
sur la terre; de Dieu et des croyances! Eh!
qu'on ne vienne pas dire que l'influence
des théâtres n'a pas de pouvoir sur les
masses?... Comment vouliez-vous que ce
peuple qui avait vu tourner en dérision les
objets qu'il était accoutumé à respecter ne
se livrât pas à des excès représentés devant
lui sur le théâtre?

Du moment qu'il en avait ri, il n'était
pas loin de s'y abandonner lui-même...
C'est ce qu'il a fait en 1793, c'est ce qu'il a
fait en 1831, c'est ce qu'il ferait encore,
c'est ce qu'il fera toujours, lorsqu'au lieu
de le retenir dans les limites de la raison,
de ne lui donner que des émotions douces,
des idées généreuses, religieuses même,
dont nous avons tous besoin et dont il ne
faut pas nous déshériter, vous lui direz qu'il
peut rire de tout, se moquer de tout, in-

sulter à tout. Ah! ce n'est pas toujours le
peuple qui est le plus coupable! ce sont
ceux qui le poussent en avant, qui l'exci-
tent, l'exaltent, le démoralisent et qui après
son triomphe le laissent, ce pauvre peuple,
avec une misère de plus, misère la plus
affreuse de toutes... celle de ne croire à
rien!...

En 1790 Audinot avait pris pour associé
Arnould, qui devint aussi son auteur privilégié, son faiseur de pantomimes; la troupe
était assez remarquable; MM. Picardeaux,
Saint-Aubin Thomassin, Lebel, Cardinal,
Dufresnoy, Lafitte et les demoiselles Lan-
glade, Rigoleau, Simonet, Rochetin; quant
au pauvre Bordier, qui jouait admirablement les petits-maîtres et les abbés et qu'on
avait surnommé le Molé des boulevards, il
avait été pendu à Rouen en 1789, pour avoir
pris part, disait-on, à une émeute de
grains, suscitée à cette époque pour pré-
luder à la révolution. On assure que ce comédien mourut gaîment. Dans une pièce
de Pompigny, intitulée le Ramoneur Prince,
au moment de monter dans la cheminée,
il disait :

Y monterai-je? ou n'y monterai-je pas?...

Quand il fut au bas de la fatale échelle,
on prétend que Bordier dit en riant au
bourreau :

Dis donc..., y monterai-je ou n'y monterai-je pas?

et il monta d'un pas ferme en saluant la
populace qui le huait. C'était ce Bordier
qui chantait avec tant de charmes cette
romance que toute la France a sue et ré-
pétée.

> Je ne vous dirai pas que j'aime,
> Votre rang me le défend ;
> Mais le Dieu qui veut qu'on aime,
> Ne consulte pas le rang.
> Quand Adonis a dit j'aime,
> Vénus oublia sa cour :
> On est égaux quand on aime,
> Tous les cœurs sont à l'amour.

Une demoiselle Masson [1] a fait courir la
capitale à la *Belle au bois dormant*. Audinot
s'étant retiré, son théâtre passa entre les
mains d'une foule de directeurs, mais qui
n'eurent aucun la chance de leur devancier.
Les principaux ont été : Picardeaux, Coffin-
Rosny, Hector-Chaussier, Camaille, Saint-
Aubin, Beraud, etc. Cuvelier, pendant longtemps, y fixa la foule par ses pantomimes
pleines d'imagination et de spectacle ; c'est
le *Diable* ou la *Bohémienne*, l'*Enfant du
malheur*, l'*Héroïne américaine*, joués par Vi-
cherat, Bitmer, Julie Liancourt et Flore,
qui ont fait les beaux jours de l'Ambigu.
Vers 1798, ce théâtre allait de mal en pis ;
aucune administration ne pouvait tenir,
Corse se présenta, Corse venait de quitter le

1. *Voir le chapitre boulevard du Temple.*

théâtre Montansier, où il ne gagnait que de modiques appointements ; ce comédien, voyant l'état d'atonie où était tombé le pauvre Ambigu depuis longues années, ne désespéra pas de le relever. Un nommé de Puisaye, riche capitaliste comptant sur son intelligence, lui offrit des fonds, la salle fut rebadigeonnée et réouverte par la *nouvelle administration,* comme on faisait alors. Le succès ne sembla pas d'abord répondre à l'intelligence du nouveau directeur, et M. de Puisaye allait abandonner la spéculation, quand le fameux Aude, le père *des Cadet Roussel,* donna *Madame Angot au sérail de Constantinople.* Jamais, je crois, les annales d'un théâtre n'ont enregistré une vogue semblable : deux cents représentations consécutives n'avaient point lassé la curiosité des Parisiens : il est vrai que Corse y était d'une bouffonnerie achevée. C'est à partir de cette pièce que va commencer la fortune de Corse ; à dater de *Madame Angot,* la foule reprend le chemin de l'Ambigu ; une série de mélodrames pleins d'intérêt vont y ramener les anciens beaux jours. Caignez, que l'on a surnommé le *Racine* du mélodrame, Guilbert Péxéricourt, qui en est devenu le *Corneille,* y feront jouer le *Jugement de Salomon,* la *Forêt d'Hermanstadt,* la *Femme à deux maris,* et tant d'autres ouvrages qui ont battu monnaie au boulevard du Temple. Ces mélodrames rapportèrent à

Corse plus de 1,100,000 francs de bénéfices en moins de quinze ans. C'est presque incroyable, et pourtant cela est vrai.

Eh bien! que pensez-vous que les hommes qui firent tant de bonnes recettes touchèrent de droits d'auteurs? Je vais vous le dire : on achetait alors une comédie en un acte *deux cents francs*, une fois payés; on donnait *neuf francs* pour une pièce en trois actes par représentation.

Ainsi le *Jugement de Salomon, Tékeli,* qui ont mis dans la caisse de l'administration 50,000 écus chacun, dans l'espace de quatre mois ont rapporté à leurs auteurs *neuf cents francs!* Heureusement que l'on a un peu changé tout cela depuis quinze ans. Après la mort de Corse [1], arrivée en 1816, madame de Puisaye resta seule quelque temps à la tête de l'administration; mais ne pouvant fournir à toutes les nécessités que ce genre d'exploitation réclamait, M. Audinot, fils de l'ancien fondateur, rentra dans le privilége de son père seulement en 1823;

1. Corse était né en janvier 1760; il se livra d'abord à la peinture et fut élève de Vien; il la quitta pour le théâtre et débuta chez Audinot : il joua successivement à Bordeaux, aux Variétés, à la Gaîté, puis enfin à l'Ambigu-Comique dont il prit la direction le 24 avril 1800. Corse a composé seul *Philomèle et Terrée,* mélodrame; *Hariadan Barberousse* avec Victor Ducange, il· avait aussi corrigé l'*Héroïne américaine,* pantomime de feu Arnould.

il prit pour associés MM. Franconi et Sennepart.

À partir de cette époque jusqu'à celle de sa mort, arrivée en 1826, M. Audinot administra son théâtre avec bonheur et intelligence; ses manières polies lui méritèrent toujours l'affection de ses pensionnaires et l'estime des auteurs. Sans conserver la vogue dont il avait joui sous la direction de Corse, l'Ambigu-Comique n'en était pas moins très suivi; des succès honorables, une troupe toute dévouée, une économie sage sans être parcimonieuse, tout promettait à M. Audinot une ère de prospérité, lorsque la mort vint le frapper inopinément. M. Audinot avait placé de confiance 300,000 francs chez un agent de change; cet homme fit faillite en lui emportant plus de la moitié de sa fortune. Il apprit cette triste nouvelle la veille de la fête de sa femme; ce coup lui fut plus sensible pour elle que pour lui, et peu de jours après, il mourut d'une inflammation à la gorge. Madame Audinot supporta cette perte avec résignation, elle tint tête à l'orage et continua de diriger l'entreprise avec MM. Sennepart et Schmoll [1].

Parmi les comédiens qui ont brillé sur la scène de l'Ambigu, pendant l'espace de

1. *Almanach des spectacles*, année 1827, chez Barba, Palais-Royal.

trente ans, c'est-à-dire de 1800 à 1830, citons : Tautin, Frenoy, Raffile, Dumont,
Stokley père et fils, Christmann, Joigny et
ce Révalard, le tyran-modèle, le type des
brigands passés, présents et futurs. Ce fut
ce Révalard qui exploita plus tard une
troupe de comédiens de province. On ra-
conte sur lui des anecdotes assez plaisantes.

Un soir qu'il avait donné un mélodrame
dans lequel on faisait le bombardement
d'une ville, la bourre d'un soleil alla frapper une personne placée à l'orchestre.

Le lendemain, comme Révalard craignait
que l'accident de la veille ne nuisît à la recette du jour, il fit mettre sur l'affiche en
gros caractères : « Les personnes qui, ce
soir, nous honoreront de leur présence, sont
prévenues que le *bombardement de la ville*
n'aura plus lieu qu'à *l'arme blanche.* » On a
fait un petit conte de cette naïveté ; le voici :

> Dans un mélodrame nouveau,
> Comme on bombardait une ville,
> Une bourre très incivile
> Alla donner dans le chapeau
> De madame Sottencile,
> Qui sur-le-champ se trouva mal.
> Hors de sa loge emmenée,
> Et dans le foyer promenée
> Revint bientôt de ce coup fatal.
> Craignant qu'une semblable scène
> Ne compromît ses intérêts,
> Le directeur vient sur la scène
Et par ces mots ramène enfin la paix :

« Messieurs, à dater de dimanche,
» Pour parer à tout événement,
» Vous êtes prévenus que le *bombardement*
» Ne se fera qu'à l'arme blanche [1]. »

Cette ingénuité rappelle celle de l'acteur *Tautin,* qui, voyant à la bibliothèque du roi l'armure de François Ier, demanda sous quel règne ce conquérant faisait ses exploits; l'employé répondit en souriant : « Mais il faisait sous lui. »

On dit encore que Révalard, après avoir donné, dans une petite ville de province, plusieurs représentations qui n'avaient attiré personne, afficha la veille de son départ : « La troupe de M. Révalard, touchée de l'accueil empressé que les habitants ne cessent de lui faire, a l'honneur de les prévenir qu'au lieu de partir samedi ainsi qu'il l'avait annoncé, lui et ses camarades quitteront la ville demain matin à six heures. »

La seconde période du mélodrame a été aussi très brillante à l'Ambigu, la *Bataille de Pultawa, Thérèse, Clara,* le *Fils banni,* le *Songe,* le *Belvéder, Calas, Lisbeth,* l'*Auberge des Adrets,* et beaucoup d'autres ouvrages marquèrent le passage de MM. Mélesville, Nézel, Overnay, Antien, Hubert, Frédéric Boirée, Victor Ducange, etc. M Varez, que l'administration s'était attaché depuis longtemps en qualité de régisseur général, a

---

1. Ce petit conte rimé est de Brazier.

été la providence du mélodrame et des auteurs. M. Varez entendait merveilleusement
la mise en scène, et l'on sait que ce n'est
pas la partie la moins importante de ce
genre de spectacle; ses conseils, son goût,
son extrême obligeance l'avaient rendu
précieux aux gens de lettres, qui n'eurent
jamais qu'à se louer de son zèle. M. Varez
fut aussi l'auteur de quelques pièces agréa-
bles, représentées au boulevard : L'*Appartement à louer*, le *Retour à la Chaussée d'An-
tin*, le *Tartufe de village*, etc.; toutes ont
obtenu du succès. M. Varez en quittant l'Ambigu entra en 1827, au théâtre de la Gaîté,
où il remplit les mêmes fonctions qu'à l'Ambigu-Comique.

Le théâtre de l'Ambigu bâti en 1769,
après avoir existé plus d'un demi-siècle,
devait finir comme finissent presque toutes
les salles de spectacle, par le feu. Dans la
nuit du 13 au 14 juillet 1827, le théâtre de
l'Ambigu-Comique fut consumé, le jour
anniversaire de la mort de M. Audinot.

On venait de répéter après le spectacle,
afin de juger de l'effet d'un feu d'artifice
qui devait figurer dans un mélodrame nouveau intitulé la *Tabatière*. Peu d'instants
après, l'incendie éclata et se communiqua
si rapidement, qu'en moins d'une heure le
théâtre et la salle furent entièrement dé-
truits; les bâtiments du côté de la rue de
Bondy furent seuls préservés. Le concierge

nommé Couroy, et un pompier, périrent dans les flammes.

Le 19, le ministre de l'intérieur accorda un nouveau privilége, jusqu'en 1840, à madame veuve Audinot et à M. Sennepart, son associé, et donna à ce dernier le titre de directeur-gérant.

On s'occupa bientôt de relever un théâtre à l'existence duquel était attachée celle de tant d'artistes; mais l'autorité ayant exigé qu'il fût isolé des deux côtés, l'ancien terrain fut jugé trop petit. Alors on acheta un hôtel qui appartenait à M. de Murinais, situé rue de Bondy, au coin du boulevard. Des actions furent créées, les ouvriers mirent la main à l'œuvre, et vingt-trois mois après avoir été incendié, le 7 juin 1829, le théâtre de l'Ambigu s'inaugura de la manière la plus brillante. La salle, construite par les soins de MM. Hitorff et Lecointe, est une des plus jolies de la capitale; des artistes distingués concoururent aux embellissements, les peintures ont été exécutées par MM. Jouanès et Desfontaines, les figures au foyer et celles du plafond de la salle sont de M. Gosse.

Un prologue en vaudeville, appelé la *Muse du Boulevard*, de MM. Léopold, Jules Dulong et Saint-Amand, parut au lever du rideau. Madame la duchesse de Berri, que l'on était toujours sûr de rencontrer là où il y avait une bonne action à faire, honora dé sa présence cette inauguration. On ne se rappelle pas qu'elle ait jamais refusé d'assister à un bénéfice d'acteur ou d'actrice; on l'a toujours vue se montrer avec le même empressement aux théâtres des boulevards comme aux théâtres royaux. Elle savait que sa présence attirait la foule, aussi allait-elle volontiers à toutes les représentations; il suffisait de la prévenir la veille, comme elle disait avec son extrême bonté. Pauvre femme! puissent ceux que tu as secourus si noblement te rendre au ciel tout ce que tu as semé en bienfaits...

Ici les destinées de l'Ambigu-Comique vont cesser d'être brillantes; des dépenses considérables en constructions, une troupe un peu vieille, des pièces pas assez jeunes, un public inquiet, difficile, que d'entraves!...

Madame Audinot et M. Sennepart se retirèrent. M. Tournemine, homme de lettres, se mit en leur lieu et place, comme directeur. Frédérick-Lemaître, qui s'était déjà acquis de la réputation comme comédien à l'ancienne salle, dans *Cardillac*, et l'*Auberge des Adrets,* fut choisi comme directeur de la scène; mais leurs efforts réunis n'eurent pas le succès qu'ils pouvaient espérer. Ils appelèrent à leur secours madame Dorval, la femme-drame, dont la réputation grandissait : l'air lui manquant, elle retourna à la Porte-Saint-Martin. Car il fallait un grand cadre à ce grand talent.

Au milieu de toutes ces révolutions dramatiques, vint 1830... Le théâtre de l'Ambigu, comme plusieurs spectacles de Paris, exploita la circonstance.

Alors nous revîmes en scène les couvents, les moines, les religieuses, les prêtres, les évêques, les croix, les bannières; le Christ même figura dans quelques pièces; peu s'en fallut que l'on ne célébrât là messe entre deux vaudevilles. Notre peuple est quelquefois bizarre, il rit volontiers des prêtres et malgré lui il est forcé de reconnaître leur pouvoir et leur autorité.

En 1815, le cardinal Fesch était à Lyon, pendant que Napoléon marchait vers Paris. Le peuple rassemblé devant l'hôtel de la préfecture et sachant que le cardinal devait y être, le demandait à tout moment et dès que Son Eminence paraissait, le peuple criait : *A bas la calotte, et vive le cardinal Fesch!*

Du reste l'histoire des théâtres est la même dans les temps de révolution. Le moyen d'être calme avec la fièvre.

M. d'Aubigny, l'un des auteurs de la *Pie voleuse,* fut un moment directeur de l'Ambigu, mais il ne fit que passer. Enfin, à M. Lemétoyer succéda, vers 1832, M. le baron de Cés-Caupenne.

Depuis cette époque, l'Ambigu-Comique

demeura dans une bonne position. De nouveaux auteurs pleins d'avenir travaillèrent pour cette scène. MM. Anicet Bourgeois, Francis Cornu, Maillan, Dumanoir, Paul Foucher, de la Boulaye, Desnoyers, Fontan, Alboise, Herbin, Malefille, Montigny, y firent représenter successivement : le *Festin de Balthazar*, les *Quatre Sergents de la Rochelle, Caravage,* le *Royaume des femmes,* le *Juif-Errant,* le *Curé Merino, Glenarvon,* le *Facteur, Jeanne la folle,* le *Pensionnat de Montereau,* etc...

L'Ambigu enregistra un nouveau succès avec *Nabuchodonosor,* titre qui remplissait bien l'affiche.

Avant que MM. Anicet Bourgeois et Francis, songeassent à mélodramatiser ce roi de Babylone, Béranger avait chansonné ce pauvre roi, qui rêva sept ans qu'il était bœuf, toutefois après avoir fait fondre sa statue en or, et ordonné à tous ses sujets de l'adorer.

Plusieurs de nos rois d'aujourd'hui sont plus modestes, ils ne font pas faire leur statue en or, mais il en est telle ou telle qui n'étant qu'en terre cuite ou en plâtre, n'a pas moins coûté aux contribuables que celle de Nabuchodonosor [1].

1. Après la retraite de Bernard-Léon, M. le baron de Cés-Caupenne obtint le privilége du théâtre de la Gaîté en cumul avec celui de

Après 1830, M. de Cés-Caupenne prit la direction de l'Ambigu-Comique. Sous son administration furent joués : le *Festin, de Balthazar*; *Caravage* et l'*Officier bleu* par Paul Foucher; le *Facteur* de MM. Charles Desnoyers, Boulé et Charles Potier (9 décembre 1834). *Nabuchodonosor,* où Guyon se grimait avec tant d'art; *Glenarvon* de Félicien Mallefille; *Ango,* de Félix Pyat, (1835); *Héloïse et Abeilard,* d'Anicet Bourgeois et François Cornu (26 mai 1830); *Un jour de grandeur,* pièce en trois actes mêlés de couplets, par Eugène Deligny. Ce fut avec cet auteur que Joseph Bouchardy composa ses deux premières pièces : Le *Fils du bravo,* amusant vaudeville en un acte, et *Hermann l'ivrogne,* drame en deux actes. Il soumit ensuite son *Gaspardo* à l'appréciation de M. de Cés-Caupenne, qui le monta sur la recommandation de Guyon. Les acteurs répétèrent ce drame, qui fut joué le 14 janvier 1837, sans pressentir qu'il aurait plusieurs centaines de représentations fructueuses. La troupe de l'Ambigu comptait alors dans ses rangs Saint-Ernest, qui est décédé en 1860; Guyon, mort prématurément et dont la veuve fut une actrice distinguée; Saint-Firmin, grand co-

l'Ambigu ; mais il quitta l'entreprise de ce dernier et en abandonna la gestion à MM. Courniol et Cormon, hommes de lettres.

médien créateur du rôle de don César
dans *Ruy-Blas* ; Montigny qui renonça à la
scène pour devenir directeur du Gymnase; madame Théodorine Mélingue et
Gauthier.

De 1838 au mois d'avril 1840, sous les di-
rections de MM. Cormon, A. Crussols, —
Cormon et Dennery-Cormon, Dutertre et
Chabot de Bouin, on ne représenta que
deux pièces importantes : Le *Naufrage de
la Méduse*, avec une mise en action émou-
vante du tableau de Géricault et *Lazare le
Pâtre*, de Joseph Bouchardy.

La direction d'Antony Béraud qui dura
de 1841 à 1848, monta *Paris la nuit*, de Cormon; *Paul et Virginie;* les *Jumeaux béar-
nais*, par Paul Foucher; les *Bohémiens de
Paris* de Dennery et Grangé où l'on chantait une ronde devenue populaire ; l'*Abbaye
de Castro* (21 juillet 1841). Le 18 septembre
de la même année fut jouée la *Lescombat*
par Antony Béraud et Alphonse Brot.
Alexandre Mauzin qui remplissait le rôle
de l'amant, y avait des mouvements magnifiques. Il était plein de noblesse lorsque, poussé par sa maîtresse à assassiner
l'époux endormi, il s'arrêtait tout à coup
sur le seuil de la porte en s'écriant :
« Debout, monsieur de Lescombat, et l'é-
pée à la main! » Frédéric Soulié donna à
l'Ambigu ses meilleures pièces : l'*Ouvrier*,
la *Clôserie des Genêts* (16 octobre 1846),

Alexandre Dumas y fit jouer les *Mousque-taires* le 27 octobre 1845.

Après la retraite d'Antony. Béraud, qui a fini tristement ses jours à la fin de 1859 dans la maison municipale du docteur Dubois, il se forma une association composée de Saint-Ernest, Chilly, Verner, Arnault, mesdames Guyon et Naptal-Arnault. Malgré des circonstances défavorables, non-seulement la société fit honneur à ses affaires, mais encore elle réalisa des bénéfices. Elle donna des pièces historiques comme *Louis XIV et Marie-Antoinette, Napoléon et Joséphine*, le *Roi de Rome*, et des pièces à grand spectacle comme le *Juif-Errant*, de Dennery et Dénaux ; les *Quatre Fils Aymon*, d'Anicet Bourgeois et Michel Masson ; *Notre-Dame de Paris,* imitée de Victor Hugo par Paul Foucher.

Charles Desnoyers fut nommé directeur au mois de juin 1852, et son administration ne fut pas heureuse, malgré le succès de la *Case de l'Oncle Tom,* dont Dumanoir et Dennery avaient emprunté le sujet à madame Beecher Stowe et de la *Prière des Naufragés* de Dennery et Ferdinand Dugué. Charles Desnoyers mourut subitement.

De Chilly acquit, en 1856, de madame Desnoyers le privilége de l'Ambigu-Comique, et débuta par les *Fugitifs,* dont l'effet fut très grand. Pendant sa gestion, qui dura sept années, Chilly éleva l'Ambigu au rang d'un théâtre littéraire. MM. Jules Barbier, Paul Meurice, Edouard Plouvier, Victor Séjour lui procurèrent ses plus grandes réussites; George Sand elle-même ne crut pas déroger en lui apportant le drame des *Beaux Messieurs de Bois-Doré,* qui vit le dernier triomphe de Bocage; Frédérick-Lemaître y voulut jouer le *Maître d'école,* le *Marchand de coco* et le *Comte de Saulles;* bref les plus grands noms de la littérature et du théâtre concoururent à la fortune de Chilly, qui fut brillante et prompte.

M. Faille lui succéda avec des chances moindres. On ne peut guère signaler, parmi les drames nombreux qu'il représenta, que la *Voleuse d'enfants,* où Marie Laurent était saisissante, le *Mangeur de fer,* et le *Crime de Faverne,* qui fournit à Frédérick-Lemaître l'occasion d'une création splendide. L'Ambigu, peu suivi, ferma le 1er septembre 1869. Il rouvrit, deux semaines plus tard, sous la direction de MM. Billion et Dumaine. Alors commença un défilé interminable de drames attristants, montés avec une économie exagérée, et joués par des acteurs sans éclat. M. Dumaine abandonna sagement la partie, et M. Billion s'attacha à réduire de plus en plus les frais qu'il ne parvenait pas à couvrir. Quelques jours après la déclaration de guerre, le

9 août 1870, l'Ambigu suspendit ses représentations ; cependant M. Billion eut l'ingénieuse idée de rouvrir son théâtre au mois de novembre. Les *Paysans lorrains* et le *Forgeron de Châteaudun*, qu'il donna, produisirent un effet excellent. Les années qui suivirent, malgré l'association passagère de M. Moreau Sainti, achevèrent de ruiner l'Ambigu. Mis un instant en interdit par la Société des auteurs dramatiques, M. Billion reçut de quelques inconnus des ouvrages dont les représentations ne furent que de longs éclats de rire. Le *Portier du numéro* 15, pourtant, fit exception, et obtint, grâce à Frédérick-Lemaître, un incontestable succès. Raillé par la presse, abandonné du public, M. Billion essaya vainement de vendre son théâtre aux enchères ; il dut se résigner à déposer son bilan.

Ce qui suivit est trop près de nous pour avoir besoin d'être longuement raconté.

MM. Fischer et Beaugé prirent l'Ambigu-Comique. Remis à neuf, offrant un aspect aussi riant qu'il était lugubre naguère, le théâtre fut rouvert le 11 septembre avec l'*Officier de fortune*, un succès.

*
* *

Mais hélas ! comme dit le proverbe : « Qui veut trop prouver ne prouve rien. » MM. Fischer et Beaugé voulurent mener de front l'Ambigu et le Châtelet. Ils montèrent en

même temps dans chacun de ces deux théâtres une pièce nouvelle. Au Châtelet ce fut
Cromwell dont nous raconterons l'odyssée
tout au long, quand nous traiterons spécia-
lement l'histoire de ce théâtre ; à l'Ambigu
ce fut *Cocagne*, grand drame à spectacle de
MM. Anicet Bourgeois et Ferdinand Dugué.
Or, qu'arriva-t-il? Que ces messieurs délais-
sèrent complétement l'Ambigu au milieu de
ses répétitions et que les artistes livrés à
eux-mêmes, M. Deshayes en tête, durent ré-
tablir une tout autre mise en scène que
MM. Fischer et Beaugé avaient indiquée tout
d'abord. On peut dire que jusqu'à la première de *Cocagne*, l'Ambigu n'eut d'autres
directeurs que ses artistes.

Cocagne n'eut qu'un succès d'estime 'dont
M. Paul Deshayes sut se faire un grand succès d'acteur.

Cromwell parut enfin sur la scène du Châtelet, et subit l'accueil tumultueux et scan-
daleux dont tous les journaux entretinrent
Paris.

La censure poussée à sévir d'une façon ex-
emplaire, fit interdire le drame de MM. Victor
Séjour et Maurice Drack dès la seconde
représentation. Ce n'est que quinze jours
après que *Cromwell* fortement étrillé et
abeilardisé, eut le droit de reparaître sur
l'affiche, mais il fut loin d'obtenir le succès
de curiosité auquel les directeurs s'atten-
daient après une interdiction aussi bruyante.

Cromwell, vécut trente jours à peine. Ce voyant, MM. Fischer et Beaugé se reportèrent mus des plus louables intentions sur ce pauvre Ambigu. Enfants prodigues ils revenaient au bercail, avec tout le repentir le plus motivé.

Rose Michel fut annoncée à grands coups de tam-tam, comme un ouvrage sauveur.

L'engagement de mademoiselle Fargueil fut décidé et signé pour donner au principal rôle du drame de M. Ernest Blum, l'interprète qu'il méritait.

Rose Michel reçut un accueil enthousiaste de la Presse et du public.

Les cinquante premières représentations furent autant de recettes dont l'Ambigu avait grand besoin.

Au drame de M. Ernest Blum succéda l'*Affaire Coverley,* drame réaliste de MM. Crisafulli et Barbusse, bien que l'affiche ne portât que le nom de ce dernier.

Ce drame entame l'ère des accessoires violents au théâtre. Le poignard, le revolver, le poison, la hache, la torture et même la décapitation sont distancés aujourd'hui par le train de chemin de fer qui traverse la scène à toute vapeur en broyant un homme sous les roues de sa locomotive.

Enfin, au mois de mai de cette année, et presque au lendemain de la déclaration de faillite de M. Fischer père au Châtelet,

M. Fischer fils et Beaugé avaient le même sort à l'Ambigu.

La catastrophe était prévue et inévitable.

Les travaux divers exécutés par la direction Fischer et Beaugé pour embellir la salle de l'Ambigu n'ont pas coûté moins de *cent vingt-sept mille francs*. Si l'on ajoute à ce chiffre respectable le prix d'achat et le montant du loyer payé chaque jour, on trouve que MM. Fischer et Beaugé ont déboursé jusqu'au moment de l'ouverture *cent quatre-vingt-quinze mille francs*. En présence de dépenses pareilles, il fallait une chance persistante pour défier les déboires multiples d'une entreprise déjà tant de fois désastreuse. Le guignon l'emporta. Combien de directeurs seront encore ses victimes !

Les lignes ci-dessous sont l'impression produite sur la Presse, le soir où elle fut conviée à venir admirer la toilette neuve de ce théâtre vermoulu.

L'AMBIGU REDORÉ SUR TRANCHE

C'est l'Ambigu, puisque l'affiche nous l'affirme, mais ce n'est plus l'Ambigu ! Figurez-vous un théâtre doré sur tranche, comme les livres que l'on nous donnait en prix, propre, coquet, pimpant, entièrement remis à neuf, depuis le cuir des fauteuils jus-

qu'au velours des tentures, éclairé comme
si M. Chabrié n'avait point offert son système dans le but d'économiser les frais de
gaz et de toucher quelques louis de plus par
soirée.

M. Billion, lui-même, s'il est entré hier
soir dans la salle, a dû ressortir brusque-
ment en disant au contrôle :

— Pardon, messieurs, je me suis trompé
de théâtre !

Ce qui faisait l'Ambigu, en effet, c'était la
légende de Billion et des misérables ; des
directeurs, amis du progrès, viennent de
passer l'éponge sur cette fameuse légende,
en nettoyant les moindres peintures de la
salle.

On a fait disparaître jusqu'à cette fameuse inscription, gravée au couteau par
un des musiciens de l'orchestre sur la planche de la rampe, et qui faisait le bonheur
de notre ami Gaston Jollivet.

Depuis plus de vingt ans, chaque fois que
Jollivet allait s'asseoir dans sa stalle des
premières, il retrouvait le nom d'un des
musiciens de jadis, péniblement incrusté
dans la fameuse planche :

Labalte, 1850.

Si notre collaborateur paraissait si navré
hier soir, c'est que le nom de Labalte avait
disparu sous une double couche de mastic
et de peinture.

Nous possédons, à dater d'aujourd'hui, un nouveau théâtre de drame qui rappelle l'ancienne Porte-Saint-Martin, mais plus d'Ambigu.

On a eu beau crier, réclamer auprès de MM. Fischer et Beaugé. Cœurs secs, ils sont restés inflexibles !

Il est venu dans leur cabinet une députation de rats qui ont dit :

— Vous nous laisserez bien un petit coin pour vivre, ne fût-ce que dans un magasin de décors !

Ils ont tout balayé.

Infortuné Billion, que va-t-il devenir ? La situation de ce malheureux est horrible, quand on songe à ce qu'il fut, à ce qu'il devint et à ce qu'il est aujourd'hui.

Il y avait, il y a de longues années, sur le boulevard du Crime, à côté de la loge de madame Saqui, une baraque de Funambules, fort courue par le peuple, adorée des titis.

Trois personnages faisaient la parade : un pierrot, un pauvre diable qui se logeait chaque soir dans une peau d'ours, et la victime de toute la maison, le gras d'huile de céans, qui, les lampes faites, la rampe allumée, recevait les coups de pied et les renfoncements.

Le pierrot, dont le nom m'échappe, mourut avant d'être célèbre. L'ours, c'était Frédérick-Lemaître. Le gras d'huile, la victime, M. Billion.

On sait le chemin immense qu'a fait Frédérick-Lemaître dans l'art dramatique.

Quant à M. Billion, il avait renoncé tout
d'abord à ces succès qui se traduisaient pour
lui en bourrades sans fin. Quittant la baraque, il achetait, sur ses économies, une fa-
brique d'argenterie plaquée et commençait
le commerce, où il réussissait.

En 1848, il fut repris d'idées artistiques
et sollicita le privilège du Théâtre-Historique, qu'il obtint, non sans de lourdes char-
ges. L'arriéré restant à payer représentait
une somme importante; mais le nouveau
directeur était économe, je ne veux pas dire
plus. Il fit si bien qu'il arriva.

On sait l'existence du malheureux directeur. Les journaux finirent par la lui rendre
impossible. Grâce à eux, l'avarice de M. Billion est devenue légendaire; en outre, il ne
s'est jamais dit une naïveté, une calinotade
dans un théâtre, sans qu'on la lui fît en-
dosser.

Le pauvre Billion continuait à jouer le
rôle qu'il avait autrefois aux Funambules.

On ferait un volume des mots attribués à
l'ancien directeur de l'Ambigu, et je n'ai pas
à les rappeler ici.

Quant à son avarice, elle est et restera
typique.

C'est lui qui reprochait à un musicien de
ne pas faire sa partie dans l'orchestre.

— Mais je compte des pauses, fit le musicien.

— Je ne vous ai pas engagé pour compter des pauses, exclama furieusement le directeur, mais bien pour jouer de votre instrument.

C'est M. Billion encore qui avait imaginé d'économiser un coup sur les trois pour annoncer le lever du rideau.

Le régisseur avait ordre de ne-frapper que deux coups au lieu de trois, pour éviter en partie l'usure du bâton et du plancher de la scène.

Hélas! M. Billion, si habile, si économe, finit par croire à l'existence de mines de charbon dans la plaine Saint-Denis, il se laissa entraîner dans de fausses spéculations, et toute sa fortune, amassée sou à sou, disparut dans la catastrophe.

L'Ambigu, aujourd'hui, a fait peau neuve. C'est, à cette heure, une des jolies salles de Paris. Chose inouïe ! on y marche sur des tapis moelleux. Les stalles étroites ont été transformées en fauteuils aussi larges que commodes. On peut s'asseoir!... Quant au luxe de la mise en scène, il ne m'appartient pas de vous le décrire; mais laissez-moi vous dire qu'une partie de ces décors, de ces riches costumes, proviennent des dépouilles opimes du malheureux Billion.

La nouvelle direction a retrouvé, dans les magasins, des trésors dont M. Billon ne se servait pas, toujours par économie ; et, au milieu de ces richesses, il montait des drames avec des toiles de fond dont M. Fouché lui-même, — la myopie faite homme, — voyait les trous aux jours de première représentation. MM. Fischer et Beaugé comptaient rendre à l'Ambigu son ancienne splendeur.

*
* *

Un journal puissant disait dans sa *soirée théâtrale* :

On a fait à l'*Officier de fortune* une salle toute neuve, étincelante, éblouissante. Il n'y reste plus rien de l'ancien Ambigu. Billion s'écrierait s'il entrait là-dedans, en voyant de vrai cuir sur de vrais fauteuils, de vrais tapis dans des couloirs vraiment éclairés, de vraies moulures sur un vrai plafond, et des fleurs et des dorures partout :

— Ah ! mon Dieu ! comme on m'a détérioré mon pauvre théâtre !

Plaisanterie à part, l'Ambigu est maintenant un théâtre splendide. On y a dépensé des sommes folles. On voit bien que les directeurs, s'ils ne sont pas des officiers, sont du moins des hommes de fortune. Tout a changé de physionomie. Tout a été réparé : foyer, couloirs, loges. On a supprimé à l'orchestre et au balcon un rang de fau-

teuils. On peut maintenant y passer et s'y
asseoir sans en sortir réduit à l'état de ha-
reng-saur.

Les bureaux de l'administration eux-mêmes ont été remis à neuf. Ce ne sont plus
les bureaux poussiéreux, à siéges vermoulus, à canapés éventrés, à rideaux fanés qui
faisaient tant de peine à ce pauvre M. Mo-
reau-Sainti, l'associé de Billion.

*
* *

Dans les premiers jours de son installa-
tion, l'ancien directeur des Folies-Dramatiques vit entrer un jour dans son cabinet
trois personnes à la fois qui venaient pour
une affaire très importante.

L'infortuné jeta autour de lui un regard
de détresse.

— Messieurs, dit-il ensuite en rougissant,
je vous demande bien pardon; mais nous
ne sommes pas encore complétement ins-
tallés ; je n'ai qu'une chaise à vous offrir,
et je ne la crois pas très solide.

— Cela ne fait rien, répondit en riant
un des visiteurs qui connaissait l'avarice
proverbiale de Billion, nous nous asseoi-
rons l'un après l'autre. Le moins lourd
d'entre nous va commencer pour l'essayer.

Sous le second, la chaise cassa au moment où Billion entrait.

— Ah! mon Dieu! s'écria l'infortuné directeur, encore une recette perdue !

DIRECTION ROQUES & FISCHER

(Ce dernier restant dans la coulisse.)

ADMINISTRATION

MM. ROCQUES, directeur officiel.
Paul-Manuel BIENBAR, secrétaire général,
REY, régisseur général.
FOSSEY, chef d'orchestre.

TABLEAU DE LA TROUPE

Artistes en représentation.

MM.
Frédérick Lemaître,
Laferrière.

Pensionnaires.

MM.
Paul Deshayes.
Charly.
Lucien Didier.
Fleury.
Williams.
Courtès.
Emmanuel.
Péricaud.
Libert.
Tony Seiglet.
Guimier.

Andrieu.
Gerber.
Arondel.
Boëjat.
Jegu.
Dickson'ns.
Debray.

Mmes
Elise Picard (*en représentation*).
Elise Dugueret (*id.*).
Pazzat.
Largillière.
Clémentine Schmidt.
Mayer.
Eug. Deshayes.
Henriot.
Maës.
Boëjat.

M. F. ROCQUES

Directeur mystérieux, quoique officiel.

Son entrée à l'Ambigu se fit au lendemain de la catastrophe de son prédécesseur, M. Fischer fils.

Il n'avait jamais été directeur. Jadis il avait été fournisseur de l'armée, mais il prit goût à sa nouvelle profession et, tout en ne se flattant pas de la connaître à fond, il mit du moins tout en œuvre pour réussir dans sa nouvelle voie.

Fut-il seul, ne le fut-il pas, agissait-on pour lui dans l'ombre?...

That is the question.

Toujours est-il que ce fut le directeur en nom. Bien souvent, me dit-on, on apercevait M. Fischer dans le théâtre, mais ce devait être une illusion des yeux, M. Fischer était bien mort pour l'Ambigu, et ses anciens pensionnaires ne pouvaient plus guère toucher que son ombre...

Un habile homme d'affaires que l'on voyait encore plus affairé à l'Ambigu que M. Rocques et M. Fischer, intriguait beaucoup les curieux, au dire desquels ce monsieur était plus directeur que le directeur lui-même. Toujours est-il que pour les clefs de la caisse, c'était M. Rocques qui en était le détenteur.

et, dame, la caisse dans un théâtre... c'est tout !

De méchantes langues, au lendemain de l'entrée de M. Rocques à l'Ambigu, insinuèrent que ce directeur n'était autre que l'exécuteur des hautes œuvres M. de Paris, qui, comme on sait, porte le même nom. Pour dissuader les cancaniers, il ne fallut pas moins qu'une exécution capitale et la preuve certaine que pendant que la tête du condamné tombait, le M. Rocques, de l'Ambigu était encore, chez lui, dans son lit.

DIRECTION LAFORÊT

— 1876-77 —

A la direction peu heureuse de MM. Fischer et Rocques succéda le règne très court et aussi peu brillant de M. Laforêt, publiciste, trop imbu de cette croyance, qu'il suffit d'être un bon critique dramatique à l'entresol d'un grand journal de Paris, à la *Liberté* par exemple, pour devenir du jour au lendemain un directeur théâtral des plus capables, des plus experts. M. Laforêt, malgré ses excellentes intentions, et entre autres celle de tendre la main aux jeunes et aux inconnus, ne tarda pas à s'apercevoir qu'en imposant à ses épaules le lourd far-

deau de l'Ambigu, il regretterait bientôt de
ne pas avoir laissé ce périlleux honneur et
tour de force à d'autres Atlas parisiens.
M. Laforêt célébra son avénement directo-
rial par une reprise très soignée du *Juif
polonais*. Les déboires de l'*Inédit* arrivèrent
bientôt après avec les représentations d'un
drame nouveau de M. Catulle Mendès, intitulé *Justice!* mais dans lequel se révéla
le talent vraiment dramatique de la prin-
cipale interprète donnant la réplique à
M. Montlouis ; j'ai nommé mademoiselle
Lina Munte. Le jeune et audacieux directeur n'eut pas le temps de monter plusieurs des nombreux ouvrages nouveaux
qu'il avait reçus avec une trop grande fa-
cilité. Après deux spectacles composés de
reprises incapables d'augmenter les recettes, il abandonnait forcément la partie
après quelques représentations d'une œuvre
en vers, de M Jules Barbier : *Un retour de
jeunesse*. Cette comédie « nouvelle » au
dire de l'affiche, du directeur et de l'auteur
sentait son « ours » de trente ans. C'était
bien, à la fois un *retour* et un *péché de jeunesse* de M. Jules Barbier.

M. Laforêt redevint feuilletoniste dramatique comme devant, sans avoir laissé
trop de plumes de ses ailes, dans les frois-
sements de l'Ambigu. Mais quand on a
tâté de ce mal à la fois cuisant et charmant qu'on pourrait appeler l'*impresario-*

manie, ce n'est pas le diable qui vous en
guérit — au contraire. Sans la mort de
M. Montigny, qui s'était attaché M. Laforêt
en qualité de secrétaire particulier, la direction du Gymnase aurait encore ce collaborateur, non désillusionné, à qui il ne
manque qu'un autre théâtre à diriger pour
y mettre à profit les excellentes choses qu'il
a écrites dans une étude qu'il a récemment
publiée sous ce titre qui est en même temps
un cri d'alarme : *Le théâtre à sauver !*

Nous croyons inutile de donner un titre
à la direction éphémère d'*artistes en société,*
qui empêcha le théâtre de fermer immédiatement sur l'agonie de la direction
précédente. Ces artistes, sans s'inquiéter du
contraste criard, firent appel au Vaudeville
pour se sauver de l'insuccès du drame. Ils
reprirent sur la scène de l'Ambigu : *Les
environs de Paris,* trois actes farcis de couplets, dus à la collaboration de MM. Blon-
deau et Monréal, et qui avaient été créés
au théâtre Cluny.

DIRECTION LAROCHELLE & RITT

— 1877-78 —

Ce malheureux Ambigu, bien malade,

poussa un cri de joie à la nouvelle d'une nouvelle direction sérieuse.

Avec MM. Ritt et Larochelle, les heureux directeurs de la Porte-Saint-Martin, les millionnaires du *Tour du Monde,* et des *Deux Orphelines,* la fortune ne pouvait manquer de franchir les cent mètres qui la séparent du théâtre de la Porte Saint-Martin ; mais, hélas! trois fois hélas! la fortune manque totalement de logique et de jambes... (surtout de jambes), puisqu'elle ne peut courir que le pied posé sur une roue. MM. Larochelle et Ritt inaugurèrent leur direction *d'à côté* par une reprise assez peu fructueuse de la *Tour de Nesles* avec Marie Laurent pour Marguerite de Bourgogne, et Dumaine dans le rôle de Buridan. Viennent ensuite d'autres reprises; le *Courrier de Lyon* (sempiternel)! La *Case de l'Oncle Tom,* avec Paulin Ménier; enfin, ces messieurs montent du nouveau : Les *Abandonnés,* drame, de M. Louis Davyl (succès d'estime); la *Brésilienne* de M. Paul Meuricé, avec mademoiselle Fargueil dans le principal rôle (succès très médiocre). Un succès, un seul, mais un grand, récompensa les efforts et les recherches de MM. Ritt et Larochelle, ce fut un drame simple, mais pathétique et mouvementé, comme les *Deux Orphelines* des mêmes auteurs : *Une cause célèbre* de MM. Dennery et Cormon. Les queues interminables se reformèrent chaque soir, à l'ouverture des bureaux de l'Ambigu, et l'aimable et intelligent caissier M. Husson, comptait après chaque représentation, d'innombrables piles d'or. L'Ambigu était enfin désenguignonné, direz-vous? Non, pas encore!

MM. Larochelle et Ritt regrettèrent bientôt de n'avoir pas assez étudié le sens profond des proverbes, notamment de celui qui dit que : (*Qui veut trop avoir n'a rien.*) Les recettes magnifiques, d'*Une cause célèbre* ne tardèrent pas à griser ces messieurs. — A l'Ambigu, se dirent-ils, avec la salle comble, le maximum de recette atteint 5,000 francs — tandis qu'à la Porte-Saint-Martin, il est de 9,000 ! — transportons bien vite la *Cause célèbre* à la Porte-Saint-Martin et nous réaliserons un bénéfice écrasant que nous perdons naïvement ; et, aussitôt dit, aussitôt fait. Le déménagement du drame à succès eut lieu... féeriquement — seulement qu'arriva-t-il ? qu'*Une cause célèbre,* se mit à faire à la Porte-Saint-Martin, des recettes au-dessous de celles de l'Ambigu, et que le succès de ce drame, tomba tout net, à la stupéfaction grande, de MM. Ritt et Larochelle, qui essayèrent, mais en vain d'empêcher le mauvais sort de revenir à l'Ambigu. En effet, une reprise des *Deux Orphelines* qui succéda, sur ce théâtre, aux splendides soirées de la *Cause célèbre* n'y attira que l'indifférence du public, qui gagna les directeurs eux-mêmes qui passèrent la main à un nouvel audacieux, le 15 octobre 1878, nous saluions la...

DIRECTION HENRI CHABRILLAT

— 1878 —

Journaliste et auteur dramatique connu, gendre de l'heureux directeur des Folies-Dramatiques, M. Cantin, le successeur de MM. Larochelle et Ritt, vit son avénement accueilli favorablement par toute la Presse, et tout le monde théâtral et artistique. M. Henri Chabrillat composa vivement et habilement une troupe triée sur le volet, puis il comprit non sans raison, que son théâtre devait faire peau neuve autant au physique qu'au moral, et les travaux de réparation de la salle commencèrent et finirent rapidement. Total de ces premiers frais avant de lever le rideau : 70,000 francs. Pendant que l'intérieur de l'Ambigu se rajeunissait et se pomponnait, l'extérieur du monument subissait une transformation notable dans sa façade. Le balcon du foyer surmontant le péristyle, menaçait ruine depuis la direction précédente, et il avait dû être étayé puis dissimulé pendant plusieurs mois, sous une marquise en coutil

peint, du goût le plus champêtre et le plus
provisoire. A l'arrivée de M. Chabrillat,
balcon, péristyle et marquise disparurent
comme par enchantement, et l'Ambigu
nous exhiba une façade toute neuve ; sans
balcon il est vrai, mais avec une addition
qui lui manquait : une marquise en fer
forgé et vitrée, du plus gracieux effet.

M. Henri Chabrillat rouvrit l'Ambigu, sur
un des plus grands succès de la rive gauche,
croyant non sans raison, qu'une grande
partie des spectateurs de la rive droite,
n'avait jamais vu la *Jeunesse de Louis XIV*
à l'Odéon.

Cette reprise montée avec tous les élé-
ments de la somptueuse mise en scène créée
par M. Duquesnel, attira *la droite* à l'Ambigu, et *la gauche*, qui voulut établir des
comparaisons, de l'un à l'autre théâtre.

Après la *Jeunesse de Louis XIV* et sa
meute, M. Chabrillat nous fit juges de la
première nouveauté de son choix, une pièce
russe de l'auteur des *Exilés* : la *Princesse
Borowska*. Ce drame froid, comme les
steppes de la Sibérie, dont il était fort souvent question dans ses cinq actes, attira
peu d'applaudissements à son auteur, qui
trop sûr de son talent d'auteur dramatique,
n'avait voulu recevoir ni suivre aucun conseil de qui de droit. Seul, le jeune directeur
de l'Ambigu fut loué sans réserves non
pour son choix de manuscrit, mais pour la

luxueuse et scrupuleuse exactitude de couleur locale, qu'il avait mise au service de la *Princesse Boroswka*. Au deuxième acte, un merveilleux salon tout tendu de satin bouton d'or, capitonné et meublé à la russe, attira tous les grands tapissiers de Paris au théâtre de l'Ambigu; sans compter nos plus dispendieuses cocottes pour qui ce décor avait aussi tout l'intérêt que la pièce n'offrait pas. M. Chabrillat redoubla d'ardeur pensant fort raisonnablement, que ceux-là seuls qui n'entreprennent rien, ne se trompent jamais. Le succès de la *Jeunesse de Louis XIV* lui avait permis de préparer et d'entourer de soins dans le mystère des coulisses, l'enfantement de l'*Assommoir*. Ce n'était pas une mince besogne pour lui, et pour ses collaborateurs Gastineau et Busnach, d'adapter aux exigences de la scène le roman extra-naturaliste et si décrié, si conspué, de M. Emile Zola. La première représentation de l'*Assommoir*, à l'Ambigu fut l'événement qui occupa tout Paris dans la journée et la soirée du 18 janvier 1879. Que de paris furent engagés et tenus pour l'issue de cette représentation, condamnée d'avance par l'opinion générale à ne pas finir et, qui, en somme après un succès *unanime* de première, et trente et quelques représentations *cahotées*, franchit triomphalement le cap de la 250ᵉ à Paris, pour trouver la même réussite à Lyon, Marseille, Bordeaux, Rouen, le Havre, et dans vingt autres villes.

A l'*Assommoir*, retour de province, et plein d'attraits encore pour tenir l'affiche de l'Ambigu pendant deux mois consécutifs, M. Chabrillat fit succéder, une reprise de *Paillasse* pour dédommager M. Dennery, dont un drame nouveau et reçu depuis longtemps, le *Chevalier de la Morlière*, devait prendre tour après l'*Assommoir*. Cet infortuné chevalier qui fut lu aux artistes, distribué et répété pour être tout à coup suspendu et ajourné à... on ne sait quand, aura permis à M. Gil-Naza de se mesurer à Frédéric-Lemaître dans la blouse et le pourpoint de *Paillasse,* et au public d'y trouver la copie bien inférieure à l'original d'illustre souvenir.

M. Henri Chabrillat n'avait plus rien à craindre ; l'*Assommoir* ayant rempli ses coffres lui donnait ainsi tous les moyens et tout le temps désirables pour marcher de succès en succès. Le théâtre vit de contrastes et même d'impossibilités, et nul n'eût songé à pousser les hauts cris en voyant *Turenne* exhaler ses tirades belliqueuses et patriotiques sur le lieu même où Coupeau avait eu le *delirium tremens* dans l'*Assommoir* du père Colombe, si le grand maréchal de Louis XIV, personnifié par l'excellent acteur Lacressonnière, avait gagné les diverses batailles combinées et livrées dans les manuscrits de MM. Marc Fournier, Delacour, et *Turenne* coûta très cher à monter, car le jeune directeur voulant que tout fût neuf dans ce drame (à défaut de l'imagination des auteurs!) la moyenne des frais vint forcément trop contrebalancer celle des recettes ; néanmoins *Turenne* tint près de quatre-vingts fois l'affiche. M. Chabrillat fort indécis sur le sort de l'ouvrage inédit à faire suivre, eut l'idée de reprendre, pour Gil Naza, une des créations les plus mémorables de Frédérick-Lemaître et à la fois l'une des moins connues de la génération actuelle. *Robert Macaire* ou *l'Auberge des Adrets* habilement retouché et refondu par MM. Philippe Gille et V. Busnach, fut immédiatement mis en répétition. Ce drame *farce* succédait à *Turenne* et retrouvait à l'Ambigu, le grand succès qu'il y avait remporté auparavant. Joué à la place de *Turenne,* il eût permis à M. Chabrillat de réaliser une première année de direction, magnifique d'un bout à l'autre.

Présentement, les artistes de l'Ambigu répètent *piano, pianissimo,* un drame en neuf tableaux de MM. Jules Moinaux et Paul Parfait, intitulé provisoirement : *Les Mouchards.* Les recettes très belles que fait encaisser *Robert Macaire,* ne permettent pas de fixer encore l'époque de la première représentation de cet ouvrage qui pourrait bien se voir ajourné, forcément, à l'hiver prochain qui, entre autres nouveautés à sensation, nous montrera *NANA*, cet autre roman trop naturaliste de M. Zola et dont le passage du livre indigeste à la scène, nous paraît être un tour de force autrement plus difficile que l'adaptation de l'*Assommoir* à la scène du même Ambigu.

ADMINISTRATION

— 1879-1880 —

MM. Henri CHABRILLAT, directeur.
Alfred BOURGEAT, secrétaire général.
HUSSON, caissier, chef du matériel.
MEYRONNET, chef d'orchestre.

HENRI CHABRILLAT

Comme soldat, ayant gagné la croix d'honneur par sa bravoure à l'héroïque défense de Châteaudun, tout le monde connaît le jeune directeur du théâtre de l'Ambigu; je dis jeune, car il n'a encore que trente-sept ans.

Comme auteur dramatique, comme jour-

naliste, et surtout comme rédacteur d'ex-
cellents articles militaires, tout le Paris des
lettres, de l'armée et des arts, salue en Chabrillat un garçon au cœur excellent, un
écrivain de valeur. Fils d'un ancien directeur de province, ainsi que nous l'ap-
prend sa biographie dans le *Larousse,* et
gendre d'un autre directeur des plus heureux (M. Cantin), Henri Chabrillat ne pouvait échapper au rêve ambitieux, mais réa-
lisable, d'être directeur à son tour. Son
choix est tombé sur l'Ambigu, et dame, il
pouvait tomber plus mal. Le sanctuaire di-
rectorial de Chabrillat ne mérite aucune
mention particulière, comme on pourrait
s'y attendre. C'est le cabinet où ont régné
à tour de rôle tous ses prédécesseurs. Mêmes rideaux de reps, même bureau, même
glace bordée de cartes de visite, mêmes
fauteuils, même cartonnier, mêmes cartons,
et, j'allais dire : mêmes manuscrits, empi-
lés dans ces cartons. Henri Chabrillat ne
donne prise qu'à son domicile personnel,
prise à la curiosité des reporters et des bio-
graphes. Chez lui, il n'est plus directeur ni
homme de lettres, c'est le capitaine-adju-
dant major Henri Chabrillat ; et, comme tel,
il se plaît à donner un air et un cachet militaires à son appartement et à son ameu-
blement. Le général Farre lui-même s'y
croirait chez lui, car on n'y voit pas le moindre tambour.

Est-ce à dire que les goûts belliqueux de
M. Chabrillat trouveraient celui-ci plus dis-
posé à jouer les pièces militaires que les
autres? Non; et *Turenne*, que M. Chabrillat
monta pour se mettre au diapason du moment, fut une tentative qu'il ne renouvel-
lera pas. M. Chabrillat est très aimé de ses
artistes qui sont autant ses camarades que
ses pensionnaires et subordonnés. Certes, ce
n'est pas à son théâtre qu'on lui reprochera
de le faire... à la pose. Henri Chabrillat
rappelait, l'autre jour devant le caricaturiste
Gill, que c'est lui qui avait fondé le premier
journal illustré à deux sous, et que ce journal intitulé le *Gamin de Paris,* avait Pilottel
et Montbars pour dessinateurs et le docteur
Labarthe parmi ses rédacteurs. Le *Gamin
de Paris* ne vécut que trois mois.

ALFRED BOURGEAT

Secrétaire général

Lorsque ces quelques lignes, sur lui, paraî-
tront, le jeune et sympathique secrétaire
de l'Ambigu aura déménagé du boulevard
Saint-Martin pour emménager place de
l'Odéon; autrement dit, il aura quitté M. Chabrillat pour se dévouer à M. Charles de La
Rounat, directeur du second Théâtre-Français. Alfred Bourgeat est journaliste. Sa si-

gnature nous est connue depuis longtemps, à l'*Univers illustré* et au journal *l'Entr'acte*.

La Presse est toujours satisfaite de voir ses représentants obtenir, de préférence à toutes autres personnes, les secrétariats de théâtre, car avec des hommes de lettres, à la tête de cet emploi, les rapports entre les journalistes et les directeurs sont et réciproquement, presque toujours d'une courtoisie parfaite.

M. Alfred Bourgeat ne se comptait que des amis sur la rive droite ; il ne s'en comptera pas moins dès qu'il aura mis le pied sur la rive gauche.

HUSSON

Caissier

M. Husson fut d'abord caissier et chef comptable du théâtre du Château-d'Eau, sous la direction de M. Hippolyte Cogniard. Quand celui-ci passa la main à M. Dejean, ce dernier se garda bien de remplacer M. Husson. Malheureusement, M. Dejean fils, monta une grande féerie à grands frais de décors, de costumes et de mise en scène, mais totalement dénuée de frais d'esprit (les plus indispensables !). *Pif-paf* fit un *pouf* gigantesque, et M. Husson se réveilla un beau matin, encore caissier et secrétaire

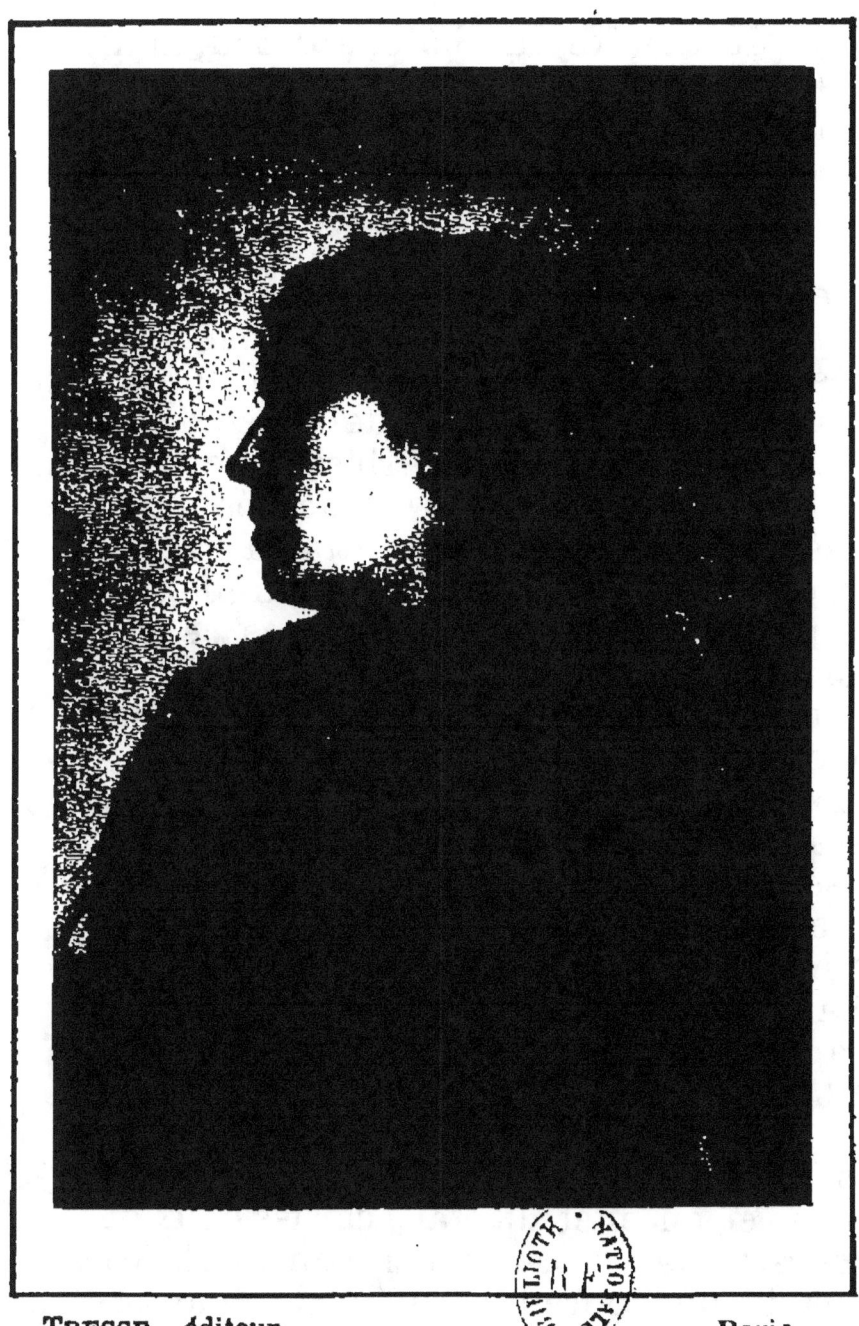

TRESSE, éditeur.   Paris

Hélène PETIT

général du théâtre du Château-d'Eau, mais avec un autre directeur, M. Charles Dornay ex-artiste de l'Ambigu, possédé, lui aussi, de la fièvre pernicieuse de la *direction quand même.*

Charles Dornay sombra à son tour en s'enveloppant noblement dans les plis du *drapeau tricolore,* pour avoir cru encore au succès des pièces militaires de l'ancien Cirque, rue de Malte, en l'an de grâce 1876.

C'en était trop; le fidèle Husson se soumit sans murmurer aux éventualités d'une deuxième faillite, mais il quitta la rue de Malte et son trop vaste théâtre enguignonné.

Le malheureux! il ne savait pas ce que le sort lui réservait dans *Laforêt!...* directeur de l'Ambigu, successeur de MM. Fischer et Roques!

Husson embrassa d'un regard la fragilité de ses doubles fonctions de secrétaire-caissier sous la direction Laforêt, mais il n'abandonna ni son poste ni son directeur, un seul instant. Par bonheur pour lui, MM. Ritt et Larochelle vinrent délivrer M. Laforêt des angoisses, des spectres et des ours de l'Ambigu.

— « Sauvé! merci mon Dieu! » s'écria dans un élan mélodramatique, l'infortuné Husson, et en effet il l'était, car les deux directeurs de la Porte-Saint-Martin s'empressèrent de lui apprendre qu'ils le maintenaient à son poste d'honneur.

Pourquoi faut-il que la fortune soit si capricieuse? — Elle comblait MM. Ritt et La
rochelle de ses faveurs à la Porte-Saint-
Martin, et elle se montrait froide, à leur
égard, à l'Ambigu!

Husson dut changer une sixième fois de
directeur et saluer l'avénement de M. Henri
Chabrillat, lequel arrivait muni d'un secrétaire, homme de lettres, journaliste, de
M. Alfred Bourgeat, enfin, qui n'allait plus
laisser au caissier que sa caisse qui lui suffisait amplement. Grande fut la joie de
M. Husson de se voir allégé du secrétariat
qui n'est pas toujours une sinécure, quoi
qu'on dise. Mais voilà M. Bourgeat qui
tombe malade au moment des représentations de *Turenne*. Que faire du secrétariat?
Le confier à un autre que M. Husson? Jamais! et Husson le reprend, mais Bourgeat,
qui est guéri, revient et le re-réclame à
M. Husson qui le lui re-restitue.

M. Husson travaille d'arrache-pied à son
bureau, qui est la première porte à gauche
en entrant, après la loge du concierge. Ce
caissier modèle arrive le matin vers onze
heures et ne s'en va qu'après le spectacle,
c'est-à-dire vers minuit et demi ou une
heure du matin lorsqu'il a rendu tous ses
comptes.

Signe particulier et... de vertu : M. Husson ne va jamais dans les coulisses. De plus,
il a du flair, car il se trompe rarement sur

le sort d'un ouvrage qu'il a jugé à la répétition générale.

MEYRONNET

Chef d'orchestre

Comme comédien et chanteur, nous l'avons fait connaître dans le volume *Foyers et Coulisses, Théâtre de la Gaîté*. Est entré à l'Ambigu sous la direction de MM. Larochelle et Ritt en qualité de chef d'orchestre. Il eut le talent de savoir marcher sur les brisées de son maître en trémoli, le classique Fossey, qui est mort l'année dernière.

Meyronnet a composé la musique de scène de tous les ouvrages représentés à l'Ambigu depuis trois ans. Il bat la mesure du lever de rideau jusqu'à minuit, à la complète satisfaction du public et des artistes; ce qui prouve que son bâton de chef d'orchestre charme autant que le violon d'Orphée.

TABLEAU DE TROUPE

— 1879-1880 —

MM. Lacressonnière.   MM. Ploton.
    Gil-Naza.   Larmet.
    Abel.   Romain.
    Angelo.   Constant Théry.
    Delessart.   Acelly.
    Dailly.   Robert.
    Courtès.   Fernand.
    Leriche.   Raymond.
    Vollet.   Séguier.
    Mousseau.   Gédéon.
    Gatinais.   Chatelain.
    Fleury.   Auvray.
    Lamarque.

Quelques engagements nouveaux vont augmenter le personnel du théâtre de l'Ambigu.

Citons entre autres madame Jane Essler et M. Ravel, engagés en représentations ; M. Gaspari et une débutante mademoiselle Amiraut, fille de Ponson du Terrail, engagée à l'année ; et M. Abel Ballet, qui remplira les fonctions de régisseur-général.

Ce dernier est depuis sept ans administrateur des théâtres des Batignolles et de Montmartre pour le compte de madame Chotel, et il y a formé un nombre considérable d'élèves.

LACRESSONNIÈRE

(Voir sa biographie complète, *Foyers et Coulisses
— Théâtre de la Porte-Saint-Martin.*)

Enlevé au théâtre de la Porte-Saint-Martin par M. Chabrillat, pour créer *Turenne* à l'Ambigu, M. Lacressonnière mit au service de ce rôle héroïque qui comptera au nombre de ses meilleurs, une flamme de patriotisme et de vaillance qui a prouvé que son grand talent se prête au mieux à l'interprétation des grandes figures. Actuellement, M. Lacressonnière prête à la Gaîté pour y jouer le soir, le *Courrier de Lyon*, répète dans le jour, à l'Ambigu, un rôle important dans les *Mouchards*.

GIL-NAZA

De son vrai nom, Chapoula est né en Savoie, alors *que cette province* appartenait au Piémont. Ses parents étaient de très braves gens. Sa mère exerçait l'état de matelassière et s'établissait comme anciennement, sur la place du Caire. Gil-Naza dès sa plus tendre enfance montrait beaucoup d'intelligence et beaucoup de ténacité dans ses idées. Ses parents, malgré leur position peu fortunée, firent tout leur possible pour élever leur fils dans les meilleures conditions désirables. Ne pouvant mieux faire que de lui assurer un état, Gil-Naza qui voulait un métier de son choix et surtout de son goût, partit chercher fortune à l'étranger. Très jeune encore, il arrivait en Belgique, avec l'idée de se faire dentiste. A Bruxelles, il comprit qu'il fallait faire des études sérieuses pour pratiquer l'art dentaire, en conséquence il prit la bonne voie, en suivant les cours de l'hôpital qui lui profitaient, mais sans subvenir suffisamment aux besoins de son existence. Il se trouvait donc dans une position précaire; cet état de gêne persistant le décida à ajouter à son arc une seconde corde en s'improvisant chanteur comique au Casino des galeries Saint-Hubert, qui, par parenthèse, avait pour scène à cette époque, une simple estrade composée d'une échelle de meunier de quatre ou cinq marches, posée sous les yeux du public, et dont les artistes à tour de rôle, se servaient pour monter sur les planches et y faire entendre leurs boniments à l'exemple des pitres de la parade. A ce sujet, citons le refrain de l'une des chansons rustiques qui furent les premières créations de Gil-Naza et le commencement de son succès : « *Din don, din don, din don, c'était nous que j'arrivions.* » Avant ce succès pour lui, du café-concert, Gil-Naza n'était pas aimé du public du Casino Saint-Hubert, mais comme il y avait chez lui l'étoffe de l'artiste, par sa persévérance, son travail et la connaissance parfaite de la langue flamande, il eut le talent de faire venir à lui ses plus grands ennemis qui furent plus tard ses plus grands admirateurs et qui lui conseillèrent de prendre un établissement pour son compte.

Gil-Naza d'un caractère très entreprenant et très tenace, comme je l'ai déjà dit, prit à Ixel (faubourg de Bruxelles) une salle en forme de boyau qu'il loua et dans laquelle il fit des frais assez importants pour se trouver à la tête d'un café-concert convenable. Ici commence la prospérité de Naza, où en déployant toute son intelligence et en s'attachant de bons artistes, il dirigea dans ce faubourg qui n'avait aucune attraction artistique pour le public, un établissement qui se mit à prospérer à grands pas et qui lui permit d'encaisser un premier capital.

Alors l'ambition qui ne fit chez lui que redoubler, lui suggéra l'idée de chercher quelque chose de plus grandiose. En effet, dans un carrefour, un peu plus bas que son établissement, attenant au boulevard, il vit un terrain vague qui était à vendre. Comme pour lui, il n'y avait pas d'obstacles, pas même ceux d'un capital médiocre, il acheta ce terrain et fit construire dessus, le *Théâtre Molière* qu'il dirigea et sur lequel on ne jouait que de la haute comédie qui attira la cour et lui valut la protection de la reine. Cette nouvelle entreprise couronnée d'un légitime succès, le mit à la mode, et plaça son théâtre au rang d'une scène française de premier ordre, ce qui lui permit de payer terrain et constructions, et ce théâtre qui est son entière propriété lui vaut aujourd'hui par année un titre de 12,000 francs de rente.

Engagé à l'Odéon, Gil-Naza y débuta à la réouverture le 3 septembre 1874 par le rôle de Mazarin, dans la reprise de la *Jeunesse de Louis XIV*. Succédant à Lafontaine, dans ce rôle, il jouait gros jeu devant le public. mais il se tira merveilleusement d'affaire, en ne copiant pas son célèbre devancier. Nous l'applaudissons ensuite, au même théâtre, dans *Un drame sous Philippe II*, drame en quatre actes, en vers, de M. Porto-Riche. Très habilement grimé, Gil-Naza rendit, physiquement, avec une grande habileté, la physionomie du fils de Charles-Quint, ce roi tartufe. La seconde création de Gil-Naza, fut Mosy, dans l'*Hetman*, drame en cinq actes et en vers de M. Paul Deroulède, représenté le 2 février 1877. Il y fit preuve d'une rare énergie dans l'interprétation de ce vieux cosaque courageux et plein de cœur. De ce moment, la situation dramatique de Gil-Naza était désormais assurée sur nos scènes de premier ordre. Le 21 avril de la même année, l'Odéon reprenait *Mauprat* de Georges Sand avec Gil-Naza dans le rôle de Jean le Hors. Deux ans auparavant l'illustre écrivain avait désigné cet artiste pour jouer ce personnage. Gil-Naza ne démentit pas la juste appréciation de Georges Sand, il fit une impression immense sur le public, au cinquième tableau.

Les matinées de l'Odéon devaient lui donner encore l'occasion de se révéler dans la

comédie de caractère. *Tartufe* et l'*Avare*,
dit *Paris–Portrait*, firent voir Gil-Naza sous
un nouveau jour, et aussi bien sous les traits
d'Harpagon que sous ceux de Tartufe, il eut
un grand succès de comédien.

Quand M. Chabrillat prit la direction de
l'Ambigu en 1878, il s'assura l'engagement
de Gil-Naza comme premier rôle en tous
genres, et le fit débuter dans la reprise de
la *Jeunesse de Louis XIV,* dans le rôle de
Mazarin.

Le prince Henri Borowski, dans la *Princesse Borowska,* pièce en cinq actes de
M. Pierre Newski, fut la première création
de Gil-Naza à l'Ambigu. L'artiste fut remarquable, principalement au quatrième acte
où il fit sensation, mais l'œuvre ne put tenir l'affiche pendant plus d'un mois.

Coupeau, de l'*Assommoir,* drame tiré du
roman de M. Zola par MM. Chabrillat et Gastineau, fut sa seconde création, et c'est
celle qui l'a rendu populaire à Paris. Dans
cette incarnation réaliste, le grand comédien a su traduire avec une vérité effrayante
la pensée de l'auteur dramatique-romancier
si mauvaise qu'elle parût. Il était horrible,
repoussant dans son fameux *delirium tremens,* mais il y reproduisait fidèlement ce
type détestable dépeint avec la monstrueuse
réalité qui est le propre du talent de l'auteur de l'*Assommoir.*

ABEL

(Se reporter à sa biographie dans le volume des
Foyers et Coulisses — Théâtre du Vaudeville.)

A l'Ambigu, depuis l'avénement de M. Chabrillat, Abel a repris le rôle de Louis XIV
dans la *Jeunesse* dudit roi ; a créé le comte
Ladislas dans la *Princesse Borowska*, et dans
Turenne le chevalier Robert de Lancy.

ANGELO

(Se reporter pour sa biographie aux 2 volumes
des *Foyers et Coulisses — Théâtre de la Gaîté*.)

A créé à l'Ambigu, direction Chabrillat,
Paul d'Obreskoff dans la *Princesse Borowska*,
et Gueule d'Or dans l'*Assommoir*.

Pendant *Turenne*, il fut prêté au théâtre
du Châtelet pour y jouer le *Beau Solignac*.

DELESSART

Cet artiste ayant émis le désir de n'avoir
d'autre biographie que celle publiée sur lui,
l'an dernier par *Paris-Portrait*, nous faisons
l'emprunt qu'on va lire, au très intéressant
journal de notre confrère Félix Jahyer.

Delessart, le Lantier de l'*Assommoir*, le

jeune chapelier, séducteur de Gervaise, a
fait ses premiers débuts à Paris, il y a treize
ans, entrant d'emblée à la Comédie-Française.

Il venait de Bordeaux où il avait de si cha-
leureux partisans qu'on nous le représentait
comme le type accompli des jeunes premiers. Fechter, Lagrange, Febvre et même
Delaunay n'avaient pas dans l'esprit des
Bordelais de supériorité sur lui, les journaux nous en adressaient l'assurance des
bords de la Garonne.

Engagé d'emblée à la Comédie-Française,
ce qui est fort rare pour un artiste lorsqu'il
ne sort pas du Conservatoire ou qu'il n'a
pas joué pendant une dizaine d'années à
l'Odéon, au Gymnase ou au Vaudeville, Delessart devait recevoir le contre-coup de cet
excès d'audace.

Ses débuts dans la reprise de *Péril en la
demeure,* le 30 juin 1866, ne furent pas une
révélation.

L'artiste montra de l'intelligence, une
bonne tenue, il était joli garçon, il y avait
en lui de l'étoffe ; mais tout cela avait besoin
d'une direction savante ou du contact des
vrais comédiens pour porter des fruits. On
vit là une fois de plus la juste influence des
milieux où l'on se trouve, et les qualités qui
paraissaient hors ligne sur une scène secon-
daire, s'effaçaient dans un entourage supé-
rieur. De plus chacun avait encore présent

dans son souvenir l'exquise interprétation de Delaunay qui avait joué ce rôle d'Albert avec cette chaleur communicative, cette verve, cette jeunesse merveilleuse que nous retrouvons à chaque nouvelle création et qui brillaient si vivement encore il y a quinze jours dans l'*Etincelle*.

Delessart ne fut pas engagé au Théâtre-Français, mais on ne la laissa pas retourner en province. Le directeur du Vaudeville se l'attacha, et il eut raison. Le jeune artiste devait être là bien à sa place, il le prouva dès son premier début qui se fit sur cette scène par une création : Henry Gérard, dans les *Brebis galeuses,* comédie en quatre actes de Théodore Barrière, le 27 février 1867.

Au Vaudeville, Delessart retrouva ses succès de Bordeaux, et pendant cinq années consécutives il fut le premier *jeune premier* de cette excellente troupe, remplaçant Febvre qui, lui, avait gagné ses chevrons sur les grands champs de bataille parisiens, et était en ce moment mûr pour la Comédie-Française où il allait se faire une belle situation que vient d'agrandir encore sa magnifique interprétation du Don Salluste de *Ruy-Blas*.

Didier, de la *Famille Benoiton*, où il remplaça Febvre, lors de la reprise en juillet 1867, et Octave des *Faux Bonshommes*, où il prit la succession de Lagrange, également à la reprise, le 8 novembre suivant, montrèrent la souplesse du talent de Delessart. Il avait l'élégance, la diction simple, la voix jeune et la figure agréable, il ne lui manquait qu'un peu plus de chaleur, un peu de ce feu sacré qui rayonne et, dont il trouva plus tard des étincelles, notamment dans la reprise de *Nos intimes,* le 28 décembre 1867, où il joua le rôle de Maurice créé par Febvre, en s'élevant par moment à la hauteur de son prédécesseur.

Avant cette reprise, il avait fait sa seconde création le 18 du même mois, par le rôle d'André, du *Frère aîné,* comédie en un acte de MM. Alphonse Daudet et Manuel.

Au Vaudeville de la place de la Bourse, il créa encore : Charles Moret, dans *Où l'on va,* comédie en trois actes de madame Charlotte Dupuis, l'ex-excellente artiste du Palais-Royal, des Variétés et des Bouffes-Parisiens, représentée le 16 octobre 1868 ; et Henri, du *Sacrifice,* comédie en trois actes, d'Alphonse Daudet, jouée peu de temps après.

Le *Ménage en ville,* de Théodore Barrière, pièce déjà centenaire au Gymnase, représentée pour la première fois le 9 août 1869 sur la scène actuelle du Vaudeville, fut un grand succès pour Delessart. Le rôle de Chennevière était écrit absolument dans ses cordes. La passion n'y tient pas trop de place, et le comédien possède plutôt la verve aimable de la jeunesse que son ardèur brûlante. Aussi ce rôle est-il pour moi avec celui d'Octave des *Faux Bonshommes,* un des meilleurs que Delessart ait jamais eu à interpréter.

Je citerai encore des créations et des reprises importantes où Delessart affirma ses qualités et qui témoignent des services nombreux et précieux qu'il rendait à son théâtre; ce sont :

Le comte Michel, de *Tamara,* comédie en quatre actes, de M. Mario Uchard, représentée pour la première fois, le 30 septembre 1869 : création ;

Max Fauvel, dans les *Femmes terribles,* de Dumanoir, pièce reprise le 21 décembre suivant;

Maxime, création dans les *Curiosités de Jeanne,* comédie en un acte de M. Verconsin, jouée pour la première fois, le 24 janvier 1870 ;

Le comte, dans *Une femme est comme votre ombre,* petite comédie en vers, par M. Paul Ferrier, création.

Interrompus par les événements de la guerre et de la Commune, les représentations du Vaudeville reprirent au 1er juillet 1872, avec les *Faux Bonshommes,* puis avec la *Poule et les Poussins,* où Delessart joua pour la première fois le rôle de Georges de Prevel.

Comme reprise importante vint ensuite le *Roman d'un jeune homme pauvre,* la belle comédie d'Octave Feuillêt. Delessart y tint le rôle de Maxime, si supérieurement créé par Lafontaine, et sut s'y faire applaudir.

Enfin, le 1ᵉʳ février 1872, le rôle de Carle dans le *Rabagas* de Victorien Sardou, fut la dernière création de Delessart au Vaudeville. Il dut même le céder à Régnier, le 1ᵉʳ avril 1872, son engagement étant alors expiré.

On voit que la carrière de Delessart au Vaudeville est de celles qui ont leur importance dans un théâtre. Il a laissé là des souvenirs que dix années d'absence passées à l'étranger n'avaient point éteints.

En Russie et en Egypte, Delessart a remporté des succès non moins francs qu'à Paris. Il a joué là tout notre répertoire français avec un talent dont nous devons nous applaudir puisqu'il a été utile à notre belle littérature si appréciée d'ailleurs à l'étranger. L'énumération des ouvrages interprétés en dehors de nos scènes parisiennes serait surabondante et inutile, puisqu'elle ne comporterait aucune création. Je me borne à constater l'emploi du temps pour notre jeune comédien.

De retour à Paris, Delessart a été engagé à l'Ambigu par M. Chabrillat, et a fait ses débuts à ce théâtre, par une création qui l'a, de suite, remis en lumière : Lantier, de l'*Assommoir*. La pièce de M. Zola a permis à tout Paris de faire de nouveau con-

naissance avec le transfuge du Vaudeville.
M. Delessart répète actuellement un rôle
dans le drame nouveau de MM. J. Moinaux
et P. Parfait, qui succédera à la fructueuse
reprise de *Robert Macaire*.

DAILLY

M. Dailly est un enfant de Paris, où il
est né le 3 août 1839.

Il débuta par être ouvrier typographe.

On sait qu'à Paris les typographes sont
grands amateurs de théâtre; ils ont même
organisé entre eux une société d'artistes
amateurs, donnant des représentations dramatiques lorsque le prétexte d'une bonne
action leur est offert.

La grande ambition de Dailly — qui
adorait le théâtre — était d'entrer dans
cette société. Il fit dans ce but de nombreuses démarches, sans pouvoir parvenir
à vaincre la prévention conçue contre lui
après l'avoir *entendu*, on déclara « qu'il
n'avait pas la vocation. »

*
* *

On se trompait grossièrement. Dailly
avait une vocation parfaitement caracté-
risée, à laquelle il était difficile de se mé-
prendre : « se faire comédien. » Mais comment entrer dans un théâtre et s'en faire
ouvrir la porte ? Ce n'était pas chose facile.

En 1860, après avoir touché une bonne semaine, il donna à M. Duquesnois, directeur du Théâtre Molière (passage du Saumon), pour jouer un acte, *Un Monsieur tout seul,* 30 fr. contre 30 fr. de billets, qu'il distribua à ses camarades les *Typos.*

M. Duquesnois, à l'issue de la représentation, lui prédit un grand avenir.

*
* *

Dailly était donc en quête d'un moyen de se faire ouvrir la porte du théâtre, lorsqu'un soir, et toujours après une bonne paie, il va au Théâtre-Déjazet où, après avoir vu jouer *Les Chevaliers du Pince-Nez,* il lui poussa une idée originale.

Il descendit, fit le tour du théâtre, entra chez le marchand de vins, rue Béranger, 14, à l'entrée des artistes, prit la plume et écrivit au directeur du Théâtre-Déjazet la lettre suivante :

« Monsieur.

» Je suis — en compagnie de beaucoup d'autres — un acteur de province actuellement en disponibilité.

» Mon ambition serait de débuter sur une scène parisienne, et la vôtre m'a séduit à cause du nom illustre qu'elle porte.

» Permettez-moi de tenter l'aventure ; si j'échoue, l'échec ne sera que pour moi ; si je réussis, je vous devrai mon avenir.

» C'est donc — sans inconvénient pour vous — une bonne action que je vous propose, etc. etc.

Et Dailly signa bravement de son nom en le faisant suivre de la qualification d'artiste de province en disponibilité.

La lettre remise au concierge, le père Perrin, notre jeune artiste, plein de confiance en son étoile, attendit dans le couloir qu'on lui remît la réponse. Elle se fit peu attendre ; on revint l'inviter à monter à la direction. Le directeur du Théâtre-Déjazet était alors Eugène Déjazet le fils de la célèbre comédienne. Celui-ci jugea son homme du coup. Rien ne ressemblait moins, en effet, à un comédien de province que ce jeune garçon, *excessivement mince*, à la mine éveillée, au regard futé qui trahissait le parisien d'origine.

Eugène Déjazet lui enleva immédiatement toute illusion, en lui proposant l'emploi de figurant.

Dailly en restait pétrifié !

— Que diriez-vous, ajouta Eugène Déjazet, de trente francs par mois ?

— Je dirais que c'est bien maigre pour dîner tous les jours au café Anglais, mais enfin j'accepterais.

*
* *

Voilà donc le jeune typographe entré au

Théâtre-Déjazet avec trente francs par mois ; cela dura peu, car, comme le dit en plaisantant Dailly, la direction « reconnaissant ses hautes capacités, » il obtint au bout de quelques semaines une augmentation de dix francs.

Trois ans s'écoulèrent ainsi.

Pendant ces trois années, Dailly allait, pour vivre, soit la nuit, soit le jour, donner des coups de main à l'imprimerie des théâtres (Morris), à Paris.

Enfin, sa notoriété commença lorsque le fils Déjazet n'ayant plus Raynard chez lui, voulut reprendre *les Chevaliers du Pince-Nez*, dans lesquels il avait figuré, et lui offrit le rôle de Chabannais qu'il accepta.

La tentative était audacieuse, surtout à cause du souvenir laissé par Raynard dans ce personnage ; elle réussit cependant et si complétement que Dailly joua deux cents fois cette pièce à ce théâtre.

*
* *

Le jeune artiste était lancé, et l'avenir dans lequel il avait eu la foi que donne une vocation véritable, s'ouvrit large et facile devant lui.

Il fit avec mademoiselle Déjazet une tournée en province qu'interrompit la guerre.

La guerre achevée, il rentra au Théâtre-Déjazet, dont il devint une des étoiles ;

après son succès dans *l'Atelier de Coquelu-chon*, il fut engagé aux Variétés ; il passa ensuite au théâtre du Château-d'Eau, où il resta trois ans et où il créa dans *Aristo-phane à Paris*, de Clairville, un rôle qui appela sur lui l'attention des critiques, puis la fameuse *Forte en gueule*, pièce dans laquelle il obtint un grand et légitime succès.

J'ai sous les yeux la liste des rôles créés par Dailly dans ces divers théâtres ; il en ressort pour moi que la qualité dominante de cet artiste est une grande souplesse de talent, car ces rôles, et ils sont nombreux, sont bien différents les uns des autres.

Dans son rôle de Passe-Partout, qu'il joua à Lyon, en 1875, dans *le Tour du Monde*, il était charmant d'humeur et d'entrain ; c'était bien, pris sur le vif, le type du Parisien, qui dans les circonstances les plus graves, les plus solennelles, ne laissait pas échapper l'occasion d'une plaisanterie et d'un éclat de rire.

Le public lyonnais a, dès le premier jour, pris en grande affection cet aimable Passe-Partout, qui était la gaîté de la pièce, et lui a témoigné sa sympathie par ses bravos.

Puis en quittant Lyon notre Passe-Partout alla créer au théâtre de la Renaissance à Paris — *la Petite Mariée*, rôle de *Mon-téfiasco*) qu'il joua 163 fois ; puis *la Filleule du Roi* et de là, il passa aux Variétés où il créa *la Poudre d'escampette*, joua successivement *la Périchole, la Belle Hélène* et de là, après *Une Revue,* jouée au théâtre des Menus-Plaisirs il alla créer à la Gaîté *le Chat Botté* (rôle du roi Balabreloque), puis, partit pour Bordeaux, joua Passe-Partout. Le succès et les bonnes recettes l'y suivirent; il revint à Paris où il créa au nouveau théâtre de Brasseur (Théâtre des Nouveautés), *Fleur d'Oranger* (rôle de Pomerol) avec Théo, et enfin passa à l'Ambigu faire sa mémorable création de Mes Bottes, le type le plus franc, le plus heureusement comique de tous les personnages de l'*Assommoir.*

COURTÈS

Le cerfeuil (cerefolium) *a un goût très agréable et qui rappelle celui de la châtaigne; il cuit en moins de dix minutes et se prépare de diverses manières comme la pomme de terre. Cette plante s'accommode de tous les terrains comme on veut...* (LINNÉ.)

Courtès l'appelle le *corollaire de l'art culinaire.*

Parisien pur sang.

De l'école d'Héraclite à la scène, car, comme presque tous ses collègues drôlatiques, il est plutôt Démocrite à la ville.

Son âge?

Bien malin serait celui qui nous le dirait.

Les rides brillent... par leur absence.

Il vous répond invariablement :

— Je suis du 3 septembre.

— Mais, objectez-vous, du 3 septembre de quelle année?

Et lui se fâchant :

— Je vous répète que je suis du 3 septembre!

Et vous ne pouvez en obtenir davantage.

Donc Courtès a l'âge... qu'il paraît, et nous lui donnons, nous, la *trente-sixaine et demie.*

C'est très tard qu'il suça le premier lait théâtral où l'on ne suce guère que le lait des vendanges, à Bercy, au théâtre dirigé par Husson. Il avait là pour partenaires, Montal, Donato, mademoiselle Defodon, etc. De Bercy dont il fut bientôt sevré, notre jeune comique émigra en province pour une saison avec le légendaire directeur Belfort Devaux, si connu pour ses excentricités théâtrales.

A son retour, Batignolles et Montmartre, théâtres de Chotel, lui ouvrirent leurs portes, et pendant deux ans il joua tous les emplois, depuis l'Endormi dans les *Chauffeurs* jusqu'à *Don Juan d'Autriche,* où il fut assez mauvais, comme bien on pense.

Son rêve, son but, comme celui de tous les jeunes comédiens, était Paris.

Aussi, profita-t-il d'un petit coin laissé vacant à l'Ambigu, pour s'y faufiler sous les

traits d'un petit seigneur de la cour, dans
la *Sirène de Paris*.

Il eut la chance dans cette première année de reprendre le rôle créé par Febvre
dans la *Maison du Pont Notre-Dame*.

De l'Ambigu, Courtès passe aux Variétés.
Dumas père le demande au grand Théâtre-
Parisien, qui venait d'être inauguré, pour
lui faire créer dans les *Gardes forestiers* le
rôle si sympathique de François. Il y obtient
un très grand et très légitime succès.

Courtès était voué aux salles de théâtre
immenses. Le cirque du Prince Impérial,
aujourd'hui théâtre du Château-d'Eau (qui
n'en vaut pas mieux pour cela), l'engagea
et lui fit partager généreusement sa mauvaise fortune. Heureusement que M. Moreau-
Sainti, directeur des Folies-Dramatiques,
jeta les yeux sur lui et le fit débuter dans le
Château de Rochefontaine; mais où Courtès
se révéla grand chercheur et grand trou-
veur dans un rôle soi-disant de rien, ce fut
dans l'*Œil crevé!* Le Duc d'en face, lui valut
des bravos sur la planche, bravos qui sont
loin d'être épuisés pour qui veut aller entendre Courtès sur le théâtre de ses presque
premiers pas.

A l'Ambigu, où sous la direction Fischer,
il remporta un grand succès dans l'*Officier
de fortune;* dans *Belle-Rose* et l'*Affaire Coverley,* (trois rôles bien différents), et où,
aujourd'hui, il triomphe encore, car per-

sonne n'oubliera sa création du type de
Bec-Salé dans l'*Assommoir*. Dans la reprise
actuelle de *Robert Macaire,* il fait un gen-
darme inoubliable, en attendant que les
Mouchards, le nouveau drame en répétition,
nous le montre sous une incarnation encore plus réussie..

Courtès nous disait, que tous calculs faits,
avec les appointements, perdus dans les
mauvaises affaires théâtrales, il était privé
aujourd'hui de bonnes petites rentes qui lui
permettraient d'avoir, non pas un, mais
d'immenses plans de cerfeuils au soleil! et
peut-être même une maison à lui, comme
son ami Jullien, le riche propriétaire du
château des Lotos.

LERICHE

Cet enfant de la balle est né à Saint-
Germain au sein des roses et des tendres
laitues, car son premier auteur était un
jardinier, et sa mère la moitié... de ce jardinier. Leriche a débuté à la banlieue, à
Montparnasse, avec les frères Seveste. Il
gagnait alors 30 francs par mois, mais un
talent culinaire, celui du ragoût aux pom-
mes, qu'il excellait à faire, lui valut un jour
de monter en grade et des appointements
raisonnables. Leriche avait manqué l'heure
d'une répétition importante, Jules Seveste,

inquiet d'abord, puis impatienté, court au domicile de son jeune comique. Il escalade ses six étages, mais au cinquième, par l'odeur alléché d'une ratatouille bien sentie, il s'arrête, renifle en se disant : « Mais je ne me trompe pas, ce parfum apéritif et ragoûtant s'exhale de chez mon premier comique. » Le directeur pénètre chez l'acteur, qui, sans mot dire lui présente une cuiller de bois, remplie d'une sauce odorante : « — Goûtez-moi ça ! » ajoute-t-il avec orgueil. Un quart d'heure après, directeur et pensionnaire étaient attablés, et le premier ne cessait de dire au second en se pourléchant les moustaches : « Leriche, tu fais trop bien le ragoût de mouton, pour rester aux appointements de 30 francs. » — Et le mois suivant, le jeune comédien émargeait 3 louis à la cassette directoriale. Sortant de la banlieue, Leriche entra aux Délassements (direction Lajariette), là il fait une création très importante dans le *Ver luisant,* féerie d'Edouard Brisebarre. Des Délassements, notre comique passe aux Folies-Dramatiques (direction Mauris). Dormeuil venant entendre Brasseur à ce théâtre, y remarque Leriche et l'engage un an à l'avance. Après six années passées au théâtre de la rue Montpensier, Leriche, à la suite d'une discussion change encore de théâtre. Il donne des représentations à la banlieue et va créer à Bobino, Carcassou, dans une revue célèbre *Gare l'Eau!* de Saint-Aignan Choler. De *Bobino,* Leriche passe au théâtre Déjazet où il débute dans les *Chevaliers du Pince-nez.* Après cinq années de théâtre Déjazet, Leriche retrouve son ancien directeur de Bobino, directeur du théâtre des Menus-Plaisirs, et crée chez lui, une étourdissante bouffonnerie en trois actes, de Lassouche : l'*Ahuri de Chaillot.* A la suite de la déconfiture des Menus-Plaisirs, Leriche passe au Châtelet, et y joue sous la direction Roqueplan, dans la *Poudre de Perlinpinpin.* A la mort de Roqueplan, Leriche entre aux Variétés, y reste pendant quelques mois et se fait engager au théâtre du Château-d'Eau, où il joue dans nombre de pièces à spectacle, sous la direction Cogniard, puis sous la direction Dejean. Ce dernier fait faillite ; Leriche quitte forcément la vaste salle de la rue de Malte et va se reposer à Cannes. Enfin, nous retrouvons Leriche à l'Ambigu dans le rôle de Lorilleux, de l'*Assommoir* où il n'assomma pas le public, au contraire. Cette création lui a valu beaucoup d'éloges très mérités. Ainsi que le prouve cette biographie, notre comédien aime le changement, mais pas en matière de logement, car il habite un modeste cinquième du boulevard Saint-Denis, depuis dix-huit ans. A passé longtemps pour un Lovelace des planches. Actuellement, raffole de son chien qu'il appelle Bouda

(sans doute en souvenir d'une ancienne...
qui lui... bouda?)

On reproche à Leriche d'être un peu...
soupe au lait. En tous cas, c'est la crème...
des pères, car il idolâtre ses deux filles, dont
l'une fait les délices de la province, et l'autre la joie du public des Variétés.

VOLLET

(Se reporter pour la biographie de cet artiste,
au volume des *Foyers et Coulisses*, théâtre
du *Palais-Royal*.)

A fait à l'Ambigu la création vraiment
funèbre du croque-mort Bazouge dans
l'*Assommoir*. Il y lançait au troisième tableau le petit mot pour rire, et nous nous
sommes laissé dire qu'au lendemain de la
première tous les croque-morts de Paris,
étaient venus attendre notre comique à la
porte de l'Ambigu pour le porter en
triomphe jusqu'au siége des pompes funè-
bres, rue Curial.

MOUSSEAU

(Voir sa biographie, *Foyers et Coulisses*, volume
des *Folies-Dramatiques*.)

Depuis les Folies-Dramatiques il est allé
à la Porte-Saint-Martin pour jouer *Chalu-*

meau dans les *Bohémiens de Paris.* Engagé
à l'Ambigu, pour l'*Assommoir,* il s'y fit
remarquer dans le rôle typique de *Bibi la
Grillade*; ensuite dans la reprise de *Paillasse,* puis dans *Turenne* où il aborda, dans
le rôle du sergent Rosaniel, une création
aux allures sentimentales et mêmes dramatiques que nous ne lui connaissions pas.
Dans ses loisirs, il a encore créé un petit
jardin d'acclimatation, situé avenue Tru-
daine 30, où l'on trouve : chiens, singes,
oiseaux rares et fleurs exotiques; en un
mot .. c'est le Geoffroy Saint-Hilaire des
foyers et coulisses.

GATINAIS

Ce nom, qui n'est pas le sien, lui a été
donné par Montrouge, son ex-directeur des
Folies-Marigny.

Ce Gatinais a le rire stéréotypé sur la
face, et je m'étonne que ce jeune comique
ne soit pas employé plus souvent; car si
on ne le fait pas jouer, à quoi bon l'engager? Gatinais a commencé par être bijou-
tier, mais il quitta bientôt l'atelier pour se
montrer sur les planches du théâtre Montmartre. De cette noble scène, pépinière de
tant de talents, notre jeune *désopileur de
rates* s'éleva jusqu'aux frises des Délassements. Les Folies-Marigny ensuite, avec le
compère Montrouge, qui sut, seul, y ame-

ner la foule pendant dix ans, s'attachèrent Gatinais et le firent apprécier à sa juste valeur, dans un grand nombre de créations.

Quand on tient les folies, on ne les quitte plus, et des Folies-Marigny, aux Folies-Dramatiques la route était avantageusement tracée pour Gatinais, qui devint aussi le pensionnaire de ce théâtre heureux. Son nom a brillé sur la vedette du théâtre des Menus-Plaisirs (aujourd'hui des Arts... et pourquoi des Arts?) à côté de celui de Thérésa, dans la *Reine Carotte*. Entre quelques entr'actes, Gatinais a voyagé, mais, dédaignant les grandes traversées comme celles de Paris à Saint-Cloud, il a été montrer, son masque amusant, tantôt à Constantinople, tantôt à Rio-Janeiro. Revenu dans sa patrie, il est rentré du même coup aux Folies-Dramatiques, puis s'est fait engager l'année dernière à l'Ambigu, où nous ne le voyons pas jouer assez souvent. Signe particulier : Adore les chiens, les chatteries, la pêche à la ligne... et au vin.

FLEURY
(De son vrai nom Risoan.)

Elève du Conservatoire en 1841, il entra à l'Odéon en 1842. A l'Ambigu, il joua de 1844 à 1848. A la Porte-Saint-Martin de 1860 jusqu'à la guerre. Il a quitté le théâtre

Cluny et le théâtre des Arts pour revenir à l'Ambigu.

Et l'on revient toujours...

Parmi ses bonnes créations à Cluny, il faut citer les *Chevaliers de l'honneur, le Presbytère*, de madame Figuier, et l'*Aveu*, de Georges Petit.

Dans le *Contrat de François Villon* de Nirascou, il joua admirablement Louis XI.

Engagé à l'Ambigu, l'année dernière, il y a joué d'une façon remarquable un noble capitaine des gardes, dans la *Jeunesse de Louis XIV*, puis le général, de la *Princesse Boroswka*. Dans l'*Assommoir*, il a repris le rôle de Charly, le sergent de ville Poisson ; dans *Paillasse* et dans *Robert-Macaire*, nous le retrouvons aussi, ce qui prouve qu'il est utile dans tout et déplacé nulle part.

Signe particulier. Quand il a fini de brûler les planches, bien vite, il se calfeutre dans sa loge ou entre dans celle d'un fumeur, pour griller une excellente bouffarde. Les fameuses pipes culottées de notre ex-ministre de l'intérieur, M. Lepère, lui font monter, au cerveau, la fumée du tabac... des grandeurs !

LAMARQUE (Philippe)

C'est au théâtre Montparnasse, alors sous

la direction de M. Larochelle, qu'il fit ses débuts. Un soir, ayant joué, au pied levé, le rôle du *Connétable* dans *Gaspardo le Pêcheur*, cela lui valut une gratification de *trois francs*.

Entra quelques années plus tard au Théâtre Cluny en qualité de régisseur général (*il y était seul régisseur.*) M. Larochelle lui fit créer Jean, des *Inutiles*, Walter, du *Juif Polonais*, etc., etc; il remplaça même son directeur dans le rôle de *Roquelaure*. Il quitta Cluny pour entrer au théâtre Déjazet, direction de Jallais, où il créa *les Femmes de Paul de Kock*, de Beauvallet, *les Petites Dames du Temple*, de Bouvier. Quand M. Larochelle devint directeur de l'Ambigu en compagnie de M. Ritt, il offrit la place de régisseur à son ancien pensionnaire, ce qui n'empêcha pas Lamarque de jouer Landry, de la *Tour de Nesle*, et Picard, des *Deux Orphelines*.

M. Chabrillat prend la direction de l'Ambigu, et nous le retrouvons dans son emploi de régisseur. On monte l'*Assommoir*, il crée Charles, le garçon de lavoir. Dailly se trouvant indisposé, Lamarque se fait applaudir dans Mes Bottes.

Pour occuper les loisirs que lui laissent parfois les répétitions, il fait des pièces.

C'est ainsi qu'il a fait représenter :

A Cluny : *La recherche de l'Adorée*, 1 acte.

A Déjazet. *Un monsieur sans habit noir,*
1 acte.

Idem. *Les amis de Gustave,* 1 acte.

Au concert de la Ruche. *Oh! c'est épatant!*
Revue, 3 actes.

Idem. *Tant va la Ruche à l'O...* riginalité.
Revue, 3 actes.

Idem. *Le mardi gras de monsieur Pichard,*
1 acte.

Idem. *Un drame à la foire au pain d'épice,*
1 acte et 6 tableaux.

Aux Folies Rambuteau. *Tout à la Joie.* Revue, 3 actes.

Collaborateur du *Journal des Abrutis* sous
le pseudonyme de Pastille, il adresse volontiers des acrostiches à ses camarades.
En voici deux échantillons :

Cumulant les emplois il est poëte, artiste,
On le dit cuisinier, bric-à-brac, bouquiniste ;
Unique dans son genre on le voit nez en l'air,
Recruter bon marché, ce qu'il vendra très cher.
Tableaux, livres anciens, objets d'art, tout y passe :
Et même un frais minois, chez lui trouve sa place.
Si le commerce est doux, l'amour n'est pas amer.

Gobé par les gobeurs, se gobant qu'on le gobe,
On rit dès qu'il sourit, son rire vous englobe,
Bien communicatif, de son timbre en métal,
Il rit si bruyamment, que s'il était sous globe
Nous verrions éclater sa prison de cristal.

Pourquoi porte-t-il au fond de ses cha-
peaux les initiales P. H. I. ?

PLOTON

C'est à se demander si c'est sa cravate blanche qu'il ne quitte jamais (pas même pour dormir!) qui a inspiré à Gondinet la jolie comédie de ce nom, au Gymnase.

Nous ne le croyons pas; pour nous, la raison d'être de cet excès de linge blanc, est due à l'emploi officiel, que tenait M. Ploton au Château-d'Eau, et qu'il remplit à sa louange à l'Ambigu.

Un autre accessoire qui le fait priser de ses camarades et qui lui paraît aussi indispensable que sa cravate, c'est une tabatière d'argent qui est devenue légendaire. Un soir, il eut l'imprudente confiance de la prêter à un des figurants de l'*Assommoir* le nommé Gille, qui un mois plus tard passait en cour d'assises, comme assassin de la marchande de vins de Montreuil.

Jugez de la joie de Ploton, sa fameuse tabatière lui fut scrupuleusement restituée.

A ses attributions de premier régisseur, Ploton jouit des aptitudes de comédien, jouant les rondeurs. Dans l'*Assommoir*, c'est lui qui jouait le père Colombe, le fameux Manezingue.

Que le présent ne nous fasse pas oublier le passé, tout rayonnant des créations de

Ploton, aux Délassements du boulevard Voltaire (ci-devant du Prince Eugène).

LARMET (Albert)

Après avoir commencé à Chantereine, a parcouru presque toutes les grandes villes de France en qualité de jeune premier et de premier rôle, puis il passa six années en Amérique. A son retour à Paris en 1868, il fut engagé par Raphaël Félix, à la Porte-Saint-Martin. Sa belle création du capitaine Rincon dans *Patrie*, le fit remarquer, puis il doubla successivement Brésil dans Montsoreau (de la *Dame de Montsoreau*), dans *Lucrèce Borgia*, puis il alla à Londres avec Lafont. La Porte-Saint-Martin brûlée, il entra à Belleville où il resta sept ans. Engagé à l'Ambigu, il débuta dans *Paillasse*.

Larmet possède un bel organe et une belle diction.

ROMAIN

Du dernier des Romains voilà ce qu'il en reste. Ce jeune premier rôle a commencé justement à l'Ambigu, sous la direction Fischer et Hostein en 1875. Appelé à jouer à la Porte-Saint-Martin dans un drame inédit de M. Cournier, le *Médecin de son honneur*,

M. Paul Clèves remarqua dans ce jeune homme un comédien d'avenir et l'engagea à Cluny dont il était directeur. A ce théâtre littéraire de la rive gauche, Romain fit quelques créations et son volontariat. En 1879, au mois de mars, nous le retrouvons sur la scène de la Gaîté aux matinées de Marie Dumas, notamment dans *Robert le Diable*. Enfin, revient à l'Ambigu l'année dernière pour inaugurer la direction Chabrillat, et reprit le rôle de Bouchavanne dans la *Jeunesse de Louis XIV*, fit ensuite une création dans un joli petit drame en un acte, de feu Georges Petit, le *Grand-père*. Obtint de M. Chabrillat un congé pour aller en représentation au théâtre Cluny sous la direction de M. Talien; il y joua une vieille pièce l'*Orfèvre du Pont au Change*, et créa un rôle difficile dans une pièce nouvelle *Bancale et Cie*, de M. Morel, pièce dans laquelle il obtint un grand succès, rentra ensuite à l'Ambigu dans *Turenne* où il créa le rôle charmant du vicomte de Sablé. A fait la tournée de l'*Assommoir* en province dans le rôle de Lantier, et présentement Romain s'applique à répéter un rôle qu'on lui a confié dans le nouveau drame de MM. Jules Moinaux et Paul Parfait, les *Mouchards*, si toutefois la censure permet ce titre.

Signe particulier : fait de la gravure et met en musique les chansons de ses amis Courtès et Lamarque.

CONSTANT THÉRY

Cet acteur *bien nez* qui fut une étoile de la province, resta quelque temps à Beaumarchais, alors encore théâtre de drame. Il y créa *Barbe d'or*, et le *Donjon des étangs*. Un de ses beaux rôles fut celui de Warner, dans *Trente ans ou la vie d'un joueur*. De Beaumarchais, Constant Théry est passé à l'Ambigu avec M. Chabrillat à qui il donne entière satisfaction, et qui lui sait gré d'avoir remplacé au pied levé M. Gil-Naza dans *Turenne*. Signe particulier — fait de la peinture — surtout des marines. Peut-être caresse-t-il secrètement l'espoir de voir remonter le naufrage de la Méduse, pour avoir la mer à peindre — et dame, sur les planches de l'Ambigu, ce ne serait pas la mer à boire.

ACELLY

A joué souvent à Cluny l'emploi de jeune premier rôle. Fort goûté du public de la rive gauche, il lui fallait les suffrages du public de la rive droite et il se fit engager par M. Chabrillat, il y a trois mois. Il a créé le maréchal d'Humière dans *Turenne*.

S'occupe aussi de peinture, et se montre très collectionneur d'objets d'art.

FERNAND

Cet artiste très consciencieux a joué surtout en province, et dans la banlieue de Paris. Il essaie de faire son trou à l'Ambigu où les rangs sont fort resserrés. Au physique un beau garçon, et plus d'une de ses camarades sans être ses *favorites* lui ont chanté :

O mon Fernand, tous les biens de la terre
    Pour être à toi.

RAYMOND

A débuté au Havre avec le plus grand des tracs, n'ayant jamais, au préalable, mis les pieds sur les planches. Nous le retrouvons ensuite à Dunkerque et à Naples jouant les jeunes premiers rôles.

A l'Ambigu, dans *Turenne,* faisait un soldat blessé. Ces trois campagnes du Havre, Dunkerque et Nantes constituent un droit à l'avancement que nous lui souhaitons.

SIGUIER

C'est un Toulousain qui se destine au chant. Etudie au Conservatoire dans la classe de Wachs. Est au théâtre de l'Ambigu, pour y acquérir un peu l'habitude des planches, mais son vrai *sol* est... l'ut.

GÉDÉON

Elève de Taillade à qui il ressemble... physiquement; aussi se plaît-il à l'imiter en tout. Ne manque pas de qualités. A joué dans *Turenne,* assez crânement, un officier italien.

CHATELAIN

A passé au Théâtre-Français et du Théâtre-Français est allé (lui pas fier) au théâtre Montmartre.

A été engagé par l'Ambigu, pour la tournée de l'*Assommoir* en province. Il jouait le rôle de Poisson, qu'il continua à la reprise au retour de l'Ambigu à Paris. Aux matinées dominicales de ce théâtre, il a remplacé Gil-Naza dans *Paillasse*. Dans *Turenne*, il a joué Louvois. Dans *Robert Macaire*, nous l'avons à peine aperçu dans un rôle de quelques lignes. C'est égal, depuis le théâtre Montmartre, le souvenir du Théâtre-Français, première scène du monde, a dû souvent occuper les rêves de M. Chatelain.

AUVRAY

Elève de Talbot. L'Ambigu n'oubliera pas que ce jeune artiste a remplacé Gil-Naza dans Coupeau de l'*Assommoir*, pendant cent cinquante représentations. A joué dans *Paillasse* (reprise) le chevalier de Rollac; dans *Turenne*, a créé Exili. Bref un comédien d'avenir.

TABLEAU DE TROUPE

(Côté des Dames.)

Mmes Gabrielle Gauthier.
Lina Munte.
Marie Protat.
Diane Valatte.
Clémentine Schmidt.
Céline Bévalet.
Angèle Sialla.
Darcy.
Gérald.

GABRIEL GAUTHIER

(Se reporter à sa biographie parue *Foyers et Coulisses*, volume du théâtre des *Variétés*.)

Mademoiselle Gabrielle Gauthier semble avoir renoncé pour toujours aux rôles fantaisistes des pièces légères qui ont fait sa réputation aux Variétés et au Palais-Royal.

Les premiers rôles de drame sont aujourd'hui ceux qu'elle préfère, et tout dernièrement encore, sa création du *Beau Solignac* et les superbes costumes qu'elle y montrait, ont donné raison à cette brusque diversion de son talent.

A l'Ambigu, mademoiselle Gabrielle Gauthier a fait son apparition dans l'*Assommoir*, en succédant à mademoiselle Lina Munte dans le rôle de Virginie. Dans *Paillasse*, même théâtre, elle a joué Nini Flora, et elle répète actuellement un autre rôle sérieux dans les *Mouchards*.

Très susceptible, trop même; ne nous pardonne pas d'avoir imprimé dans une précédente biographie qu'elle avait été l'amie intime de Thérésa. Il y a donc du déshonneur à cela?

LINA MUNTE

Présentons-la d'abord comme jolie femme et comme comédienne de talent, ensuite, il sera permis à notre verve caustique mais amie, de la dépeindre, comme sosie de Sarah Bernhardt... pour l'embonpoint! Avant de se révéler avec succès dans le drame, la toute gracieuse, toute distinguée et toute svelte Lina Munte cultivait l'art de la danse; non parce qu'elle en avait la vocation, mais parce que, au dire de la faculté, l'état de ballerine convenait à sa santé frêle et délicate; mais, personne ne se trompe plus souvent que les médecins. Au bout de quelque temps, Lina Munte s'aperçut que la chorégraphie lui devenait chaque jour plus nuisible. Dès lors elle résolut de jouer et se fit engager aux théâtres de Montmartre et des Batignolles, où nous allâmes l'applaudir dans la *Dame aux Camélias*, un de ses meilleurs rôles et des mieux appropriés à son physique. Après la banlieue classique, la province inévitable. C'est à son retour à Paris, en 1876, qu'elle fut engagée à l'Ambigu et y débuta dans *Justice*, de M. Catulle Mendès et dans le *Retour de Jeunesse*, de M. Jules Barbier. La direction Laforêt fut de courte durée, mais par bonheur pour notre future étoile de drame, MM. Ritt et Larochelle arrivant à la rescousse, l'engagèrent avec eux et lui firent créer, sur ce même Ambigu le rôle d'Adrienne dans *Une Cause célèbre* représentée pour la première fois le 5 décembre 1877. Le succès de Lina Munte y fut grand et se continua au théâtre de la Porte-Saint-Martin où le drame de MM. Dennery et Cormon émigra avec tous ses incrprètes.

En 1878, M. Chabrillat succédant à MM. Ritt et Larochelle, n'eut garde d'oublier Lina Munte si aimée sur le théâtre dont il allait tenir les destinées, et bientôt, la gracieuse artiste reparaissait dans deux créations successives : Vanda, de la *Prin-*

cesse Borowska et la grande Virginie, de
l'*Assommoir*. Ces deux rôles achevèrent de
lui conquérir tous les éloges de la presse
et tous les bravos du public. A Lyon, à
Lille, à Rouen, et à Bruxelles, où son directeur l'envoya jouer, dans l'*Assommoir,*
non plus le rôle de Virginie, mais celui de
Gervaise, Lina Munte sut plaire et fasciner
autant qu'à Paris. Ce n'est pas une comédienne ordinaire; elle a une originalité qui
n'appartient qu'à elle, qu'à son tempéra-
ment, qu'à son physique. Elle joue par ins-
tinct et échappe ainsi aux effets surannés
de la convention.

Sarah Bernhardt est ravie, enchantée de
sa maigreur qui sert au delà de ses désirs,
son amour excessif pour le tam-tam et la
grosse caïsse de la réclame. Lina Munte,
au contraire, redoute la blague qui s'at-
tache aux pas des actrices trop diaphanes,
et bientôt nos railleurs en seront pour leurs
jeux de mots et leurs comparaisons ridi-
cules qu'ils réserveront exclusivement au
corsage de Dona Sol, car Lina Munte s'étant
mise à boire du *lait Mamilla*, il ne pourra
plus être dit que deux tailles comme la
sienne tiendraient dans une bague.

MARIE PROTAT

A débuté aux Batignolles dans les rôles

d'enfants, dans les rôlés de la petite Montalant. Ensuite entra au Conservatoire dans la classe de M. Beauvallet, delà fut engagée au Vaudeville. Nature très excentrique, ayant toujours besoin de voyager. Lyon, Marseille, Rouen, puis l'Amérique, l'Egypte‘ la Turquie, et l'Italie ont gardé de son talent dramatique les meilleurs et l.s plus vivaces souvenirs. Marie Protat a brillé aussi sur la scène du Palais-Royal dans *Arrêtons les frais. Ah! que l'amour est agréable! l'Ami des femmes.* M. Chabrillat, qui est un malin, ne pouvait laisser cette excellente artiste entreprendre d'autres voyages au bout du monde et il l'attacha à la terre ferme de l'Ambigu. Elle vient de reprendre le rôle de madame Podevin dans *Robert Macaire.*

DIANE VALATTE

Vient de débuter à l'Ambigu dans le rôle d'Elloa, de *Robert Macaire,* mais n'est pas nouvelle au théâtre. C'est Belleville qui a vu ses premiers pas aborder la carrière dramatique. Plus tard, douée d'une très jolie voix, notre artiste, très jolie femme, très plantureuse, alla chanter en Amérique, un pays qui sait couvrir de dollars les rossignols et les fauvettes. Hélas! la corde vocale se brisa un vilain jour, mais Diane Valatte à qui il restait la corde dramatique à son arc d'or, prit bel et bien son parti et se voua au drame.

Maintenant escaladons sans vergogne les tessons de bouteilles du mur de la vie privée de cette charmante comédienne, et rappelons que mieux que personne, elle pourrait parler des fameuses perruques de soie et des non moins célèbres caleçons enrichis de diamants du feu duc de Brunswick.

Ah! qu'il a dû faire bon à recoudre les boutons de ces caleçons-là!

CLÉMENTINE SCHMIDT

Brune piquante, emploi de jeune premier rôle, a mérité tous les éloges de la Presse après sa brillante création de la *Vénus de Gordes*, à ce même Ambigu, sous la direction Rocques.

Continuellement en progrès depuis lors, elle fut engagée au Théâtre-Historique par M. Castellano et fit une belle création, notamment dans le *Régiment de Champagne*. Mais, comme toujours l'on revient à ses premières amours, Clémentine Schmidt revint à l'Ambigu où elle reprit dans l'*Assommoir*, le rôle de Gervaise créé par Hélène Petit. Elle le conserva, dans la tournée du même *Assommoir* en province. De plus, elle se fit applaudir à Lyon dans *Paillasse*.

Clémentine Schmidt, comme tant d'autres, a fait ses premières armes sur les théâtres Beaumarchais et de Belleville.

CÉLINE BÉVALET

Née à Paris le 2 décembre 1863, a débuté au théâtre, tout enfant; a joué aux Français dans *Marcel* et au Gymnase, dans les *Idées de madame Aubray* et dans *Frou-Frou*.

Engagée par M. Chabrillat à l'Ambigu, elle s'y fit remarquer dans le rôle de la grande Nana, de l'*Assommoir*, qu'elle reprit à l'Ambigu, après l'avoir joué en province. Son premier succès à l'Ambigu date de *Paillasse* où elle joua Jaquinet d'une façon remarquable, et elle fut désignée par l'administration pour aller créer ce même rôle, à Lyon, à côté d'artistes éminents. Là, au théâtre Belcourt, elle aborda le répertoire par le rôle de Marianne de *Tartufe*. Les Lyonnais conservent un bon souvenir de cette jeune et intelligente ingénue, sur laquelle les auteurs ont les yeux... Mais n'anticipons pas.

ANGÈLE SIALA

Vient du café-concert. Joue les bouts de soubrette à l'Ambigu. Dans *Turenne,* elle a joué Margot, et vu la brièveté de son rôle, cette Margot-là ne bavardait pas comme une pie.

Dans ses moments perdus (elle en a beaucoup!) elle jardine à l'île Saint-Denis où elle a des biens au soleil, qui font ouvrir l'œil à bien des célibataires et veufs endurcis.

Nous qui sommes très forts en anagrammes, nous nous demandions l'autre jour en voyant l'air préoccupé de cette artiste : où *Angèle Allais?*

Madame DARCY

Une pseudo-duègne qui a été engagée au Palais-Royal pour remplacer la mère Thierret. Elle a la taille d'un carabinier, et l'embonpoint qui fait enrager Dumaine. Est entrée à l'Ambigu et a joué dans l'*Assommoir* madame Gouget. Dans *Paillasse,* elle a joué mademoiselle de Vermandois. Pour jouer ce dernier rôle elle s'était acheté 400 francs de dentelles. C'est une *Malines* à qui il restera la ressource d'aller jouer à Valenciennes.

Toquade particulière : Apporte des bi-
belots dans sa loge pour les revendre à ses
camarades.

Mademoiselle GÉRALD

Elève de Talbot, a débuté pour la pre-
mière fois au théâtre, sur celui de l'Ambigu,
dans l'*Assommoir,* en reprenant le rôle de
Virginie créé par mademoiselle Lina Munte.
A repris ensuite, dans *Paillasse,* le rôle de
Nini Flora que venait de jouer Gabrielle
Gauthier. Mademoiselle Gérald a joué fort
gentiment à côté de M. Mauban, dans
Louis XI, le rôle du dauphin.

LE FOYER... TRISTE

DE L'AMBIGU... PEU COMIQUE

— 1851 —

Est-ce bien un foyer que cette pièce terne, froide, mal éclairée, aux murailles de laquelle sont pour ainsi dire, cloués deux bancs noirs usés, vermoulus, sur lesquels on ne peut s'asseoir qu'avec la plus grande circonspection, pour peu que l'on tienne à conserver ses vêtements intacts des graisses d'huile ou de suie.

Presque jamais on n'a connu le véritable directeur de ce théâtre, et le plus souvent on en comptait quatre ou cinq à la fois qui faisaient mouvoir la machine. Celui-ci était administrateur, c'était un lion ; celui-là jugeait les ouvrages, c'était un bailleur de fonds ; un autre dirigeait la scène, montait les pièces, c'était un homme du monde qui, pour la première fois, visitait les coulisses d'un théâtre. Le moyen après cela de s'entendre? Aussi, que devait-il arriver? Ce qui est arrivé en effet, une culbute.

La faute, certes, n'en est ni aux artistes de talent qui glissent dans ce. triste foyer, ni à ce peuple de dramaturges fraternellement mêlé à ses interprètes.

Là, Bouchardy dédaigne de marcher comme tout le monde sur les grandes routes, et ne se plaît que dans les dédales d'une intrigue dont le fil d'Ariane peut à peine vous montrer les mille détours; Bouchardy dont le génie inventif ne veut pas que vous le compreniez tout d'abord et qui donne des coups de pied à la raison, à la logique, pour trouver une folie, une absurdité qu'il torture, qu'il pétrit à son gré, et qui parvient, par des moyens à lui seul connus, à vous intéresser, à vous émouvoir, à vous arracher des larmes.

Quel crâne que le crâne de ce Bouchardy, s'est un jour écrié Jules Janin. En effet, ce Bouchardy aurait débrouillé le chaos, si Dieu n'avait pas été là pour lui en épargner la besogne.

Avec une intelligence moins vaste et moins tracassière; mais avec des moyens ingénieux qui ne manquent jamais leur effet, là se promène aussi Charles Desnoyers, dont les succès eussent enrichi tant de scènes, fécond parmi les plus féconds, et dont la verve loin de s'attiédir semble puiser toujours de nouvelles forces dans les bravos de la foule.

Si j'inscris le nom de Frédéric Soulié au-dessous de ceux de Desnoyers et de Bouchardy, ce n'est pas au moins pour le classer. Vous savez tous le poste qu'il devrait occuper, vous qui avez assisté à ses triomphes sur toutes les grandes scènes de la capitale; vous qui avez lu; vous qui avez dévoré tant et de si belles pages dans cinquante volumes jetés à la curiosité publique.

Laboullée est là aussi, sachant à merveille qu'il y sera bien reçu; et si vous n'y rencontrez pas plus souvent Montigny à côté de ses collaborateurs, c'est que la Gaîté le réclame et que l'avare Achéron ne lâche point sa proie. Charles Lafont y a droit à un fauteuil privilégié; aussi l'y trouve-t-on quelquefois assis sur la modeste banquette dont je vous ai parlé. Charles Lafont et Mallefille sont plus que des espérances. Les coups de maître ont déjà porté.

Le foyer de l'Ambigu se pare de ces gloires littéraires, et vous comprendrez que les artistes de ce théâtre acceptent avec bonheur les rôles qui leur sont confiés.

Vous y voyez bras dessus, bras dessous, Mélingue et Théodorine, sa femme dont vous connaissez la puissance.

Là encore, mademoiselle Martin, belle femme complète, brune, ardente, aux regards espagnols et se plaisant pour ainsi dire à gâter ses heureuses qualités par une recherche, une afféterie qu'elle prend pour de la grâce et qui n'en est que la parodie. Mademoiselle Martin que je ne veux pas séparer de madame Darcet, dans la crainte de les affliger toutes deux, véritable saulepleureur se balançant à toute brise, refusant de marcher comme on marche, de parler comme on parle, de tousser comme on tousse, visant à l'originalité et touchant au ridicule, actrice pleine d'âme et de force, mais se jetant à côté du vrai pour être spéciale, se déhanchant pour montrer son élasticité de bambou et décolorant à plaisir les heureux dons qu'elle a reçus du ciel. En vérité on serait tenté de battre, de pincer et de mordre une femme qui, par une aberration fatale a compromis son présent et tué son avenir.

Madame Darcet et ses lunettes bleues arrivent de Saint-Pétersbourg. Cette actrice est élégante et bonne diseuse; mais les glaces de la Néva ont jeté du froid sur ses manières et il paraît que l'influence de mademoiselle Martin ne se fait pas sentir chez son inséparable.

A force d'études et de patience, mademoiselle Fierville qui a débuté à Chantereine, a perdu ses premiers défauts, elle a acquis de précieuses qualités, et la voilà bien vue, bien fêtée du public et de ses camarades au foyer; car elle est bonne actrice devant la rampe et excellente fille dans le monde.

Albert et Saint-Ernest n'attendent pas longtemps les bons rôles des ouvrages; les rôles viennent à eux sans que ces deux artistes fassent un pas pour les accaparer, et quand ils les tiennent ils les gardent bien. Ce sont deux comédiens de bon goût qui seraient dans le monde ce qu'ils sont au foyer.

Leur serre-file sont MM. Saint-Firmin, Salvador, Cueillier et Chilly ; ces derniers savent parfois victorieusement se placer au premier rang.

Cette description de l'ancien foyer qui nous reporte à vingt-neuf années en arrière, est due à la plume de M. Etienne Arago, jadis auteur dramatique célèbre aujourd'hui ambassadeur de France à Genève. (!)

— 1867 —

Le foyer, local terne, froid, mal éclairé, est un lieu d'adulations perpétuelles; c'est à qui se fera des compliments; on y vit dans une atmosphère de félicitations. De temps à autre, un homme passe avec un manuscrit sous le bras : alors les artistes sortent de leurs loges et restent sur le seuil de la porte, absolument comme les habitants du village où l'on signale un rare étranger.

Fort camarades, d'ailleurs, ils se tutoient,
s'appellent par leurs petits noms et font
joujou comme des enfants. L'été, c'est le
cerceau, le bouchon dans la cour du théâtre; l'hiver on s'offre des petits bouquets,
ou danse à la corde en disant : « Castellano
pas sage, lui n'aura pas de confitures. »

Bref, une crèche de famille où l'on s'in-
cline respectueusement devant l'idole en
vedette sur l'affiche du jour.

Il doit y avoir un magasin d'accessoires,
une armoire pleine de raquettes, volants,
balles et toupies, à l'usage des deux sexes,
et je ne serais pas étonné qu'on leur distri-
buât des bonbons à la fin de la semaine.
Celui qui s'est le mieux conduit reçoit un
encouragement à la visite que fait parfois
l'ancien directeur, M. de Chilly qui est resté
le général en chef de son ancienne troupe.

— 1875 —

Rien de changé. Moins d'artistes, de visiteurs et de gaîté que jamais, mais mieux
balayé, mieux époussété et mieux éclairé,
ce qui ferait croire (mais ce qui n'est pas)
que plus une scène est en baisse, plus son
foyer d'acteurs est en hausse.

— 1880 —

Foyer toujours aussi nul, mais repeint à neuf ; carreaux des croisées bien clairs, bien nets, ce qui permet le soir, aux artistes, de voir brûler sous leur nez, les becs de gaz du transparent vitré sur lequel se dessinent en lettres assez ternes et de couleur, les titres des pièces en cours de représentations.

Ce système économique a soufflé du coup les feux étincelants des rampes, motifs et lettres au gaz qui étaient d'un effet bien plus réjouissant aux regards.

STYLE ET SYMPHONIE DU VIEUX MÉLO

JADIS EN VOGUE A L'AMBIGU

Un gai vaudevilliste de nos amis a fait à l'Ambigu une expérience d'acoustique, de laquelle il résulte que pour lui, le tympan de l'homme n'est plus aussi résistant aujourd'hui qu'il l'était sous Louis-Philippe. Les grosses phrases bourdonnantes du mélodrame resté typique, l'obsèdent et l'ahurissent. Au milieu de ce ronflement et de ces redondances, comment saisir un sens? Le bruit des syllabes empêche de comprendre les mots.

Ce vaudevilliste, en sortant dudit Ambigu un soir, qu'il y avait vu jouer la six centième du *Sonneur de Saint-Paul,* de Bouchardy, s'empressa de noter ce qui tintait encore à ses oreilles et voici la petite symphonie que retinrent ses oreilles agacées :

« Oh! cette femme! cette femme!... Mais je saurai te l'arrrracher! — L'infâme! —

Mon brrrras devancera la justice du ciel! —
Tiens! — Ah!... (l'orchestre : *Brou-ou-ou-ou-
vlan!*) — Une voix s'est fait entendre?...
Est-ce toi, Yorick?... Non, c'est le torrrrent
qui coule dans la montagne. — A moi! —
Au meurtre. — Mais, je ne veux pas mou-
rir! — Les lâches!... (l'orchestre : *Tra deri
dera!*) — Vous ne savez pas ce que c'est
qu'un homme qui se venge; et quand cet
homme s'appelle Crrrromwell... — Postez-
vous au coin du bois avec vos hommes. —
Bien, capitaine! — Et quand l'horloge de la
tour sonnera pour la troisième fois... —
Bien, capitaine! — Ce sont eux... (l'orchestre : *Pan-pan!*) — A toi, duc de Riche-
mond!... (l'orchestre : *Pan-pan-pan!*) — Elle
était belle, elle avait trente-quatre ans; j'en
avais seize; je l'aimais; son frère mourut;
Dieu ait son âme! J'étais fou; mais le destin... — Fatal destin! — Destin fatal... —
Pas un mot de plus; on nous épie!... (l'orchestre : *Vling-vlang taratatpouf!*) — De la
part du roi! — Ah! — Douce! — Ciel! —
Quoi! — Je suis vengé!... (l'orchestre : *Tra
deri dera, dinn, dinn, deri dinn, dera dinn.*) »

* *
*

M. Charles Monselet, dans sa toujours
spirituelle chronique de l'*Evénement* a re-
levé aussi les nombreuses expressions qui,
du théâtre, sont entrées dans la conversa-

tion. Il prend pour thème le drame de la *Tour de Nesle* :

« C'est d'abord, dès le lever du rideau, l'apostrophe à Orsini : *Ohé! tavernier du diable!* Il y a quelque vingt ans de cela, pas un fils de famille en partie de souper ne pouvait demander une bouteille de tisane de champagne sans lancer ce titre de « tavernier du diable » à la tête du moindre garçon de restaurant.

» C'est ensuite, au deuxième tableau, l'exclamation : *La belle nuit pour une orgie à la tour!* Tous les fanfarons de débauche vivent encore sur cette orgie-là. Il est même assez fréquent d'entendre un étudiant appeler sa chambre garnie : « ma petite tour de Nesle. »

» Qui ne sait par cœur la tirade des grandes dames, attribuée à Jules Janin?

» Le : *Je te reconnais bien là, Marguerite!* est devenu classique autant que le *Qu'en dis-tu?* de *Martius.*

» On parlera éternellement de la « noble tête de vieillard; » et, chaque fois qu'il est question d'une prison bien étrange, l'idée revient de ces murs qui *étouffent les cris, éteignent les sanglots, absorbent l'agonie.*

» *Dis-moi ton nom dans un baiser!* s'est également glissé de la *Tour de Nesle* dans le langage usuel.

» Il faut y joindre : *N'est-ce pas qu'il est doux de passer la main dans ses cheveux?* —

et puis : *A toi la première partie, mais à moi la revanche!* »

*
* *

Aujourd'hui, Dennery lui-même, Dennery l'inventeur breveté de la *Croix de ma mère,* et d'un grand nombre des phrases et des exclamations citées plus haut, se moquerait de lui-même, et rirait à se tordre, si elles reparaissaient sous sa plume de dramaturge.

Seuls, les gavroches, encore ennemis de l'instruction gratuite, paraissent digérer avec plaisir les salades de mots indigestes du mélodrame vieux jeu, mais le moyen de pouvoir raisonner des gens qui n'ont jamais ouvert un dictionnaire et à qui tous les mots paraissent nouveaux?

HENRI BUGUET

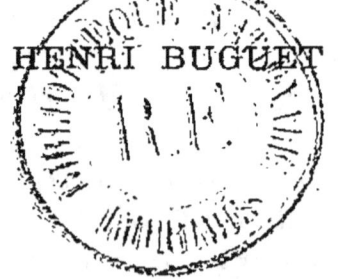

1er Juillet 1880.

IMPRIMERIE GÉNÉRALE DE CHATILLON-SUR-SEINE. — J. ROBERT